Couverture (la Couverture)

30983

LES MANUSCRITS
DU COMTE D'ASHBURNHAM.

RAPPORT

AU MINISTRE DE L'INSTRUCTION PUBLIQUE ET DES BEAUX-ARTS

SUIVI

D'OBSERVATIONS SUR LES PLUS ANCIENS MANUSCRITS DU FONDS LIBRI

ET SUR PLUSIEURS MANUSCRITS DU FONDS BARROIS,

PAR

M. LÉOPOLD DELISLE,

ADMINISTRATEUR GÉNÉRAL, DIRECTEUR DE LA BIBLIOTHÈQUE NATIONALE.

PARIS.

IMPRIMERIE NATIONALE.

M DCCC LXXXIII.

LES MANUSCRITS

DU COMTE D'ASHBURNHAM.

LES MANUSCRITS
DU COMTE D'ASHBURNHAM.

RAPPORT

AU MINISTRE DE L'INSTRUCTION PUBLIQUE ET DES BEAUX-ARTS

SUIVI

D'OBSERVATIONS SUR LES PLUS ANCIENS MANUSCRITS DU FONDS LIBRI

ET SUR PLUSIEURS MANUSCRITS DU FONDS BARROIS,

PAR

M. LÉOPOLD DELISLE,

ADMINISTRATEUR GÉNÉRAL, DIRECTEUR DE LA BIBLIOTHÈQUE NATIONALE.

PARIS.
IMPRIMERIE NATIONALE.

M DCCC LXXXIII.

AVERTISSEMENT.

En m'invitant à réunir dans ce fascicule, avec quelques notes additionnelles, les principaux écrits que j'ai eu l'occasion de publier sur les manuscrits du comte d'Ashburnham, M. le Ministre de l'instruction publique et des beaux-arts a voulu édifier le public sur les procédés à l'aide desquels ont été formées les collections de Libri et de Barrois, collections dont le possesseur actuel essaye de tirer une somme de beaucoup supérieure aux prix qu'ont produit les ventes des plus célèbres bibliothèques dans les différents pays de l'Europe. Il a voulu, par cette publication, mettre en éveil la défiance des bibliothécaires, des amateurs et des libraires auxquels lord Ashburnham propose de céder les manuscrits vendus clandestinement à son père en 1847 et en 1849 par Libri et par Barrois.

D'autres que moi, en Angleterre aussi bien qu'en France, ont qualifié les spéculations auxquelles peuvent donner lieu de tels manuscrits. Je n'avais donc pas à appeler l'attention du public sur ce côté de la question. Ce qu'il fallait bien établir, par des exemples nombreux et positifs, c'était que les collections Libri et Barrois sont remplies de manuscrits volés à nos bibliothèques publiques, de manuscrits mutilés et falsifiés par les voleurs ou par leurs complices, comme l'ancien comte d'Ashburnham l'a reconnu lui-même[1]; c'était aussi que le commerce en était interdit en France, et que, le jour où ils y reparaîtraient, l'État les ferait saisir et les garderait sans avoir

[1] Voyez la lettre du 16 juin 1869, publiée plus loin, p. 123.

la moindre indemnité à payer aux détenteurs, d'autant moins excusables qu'ils auraient été prévenus en temps utile. Voilà pourquoi, après avoir montré que beaucoup des manuscrits Libri et Barrois ont été volés, j'ai tenu à réimprimer[1] un jugement du tribunal de la Seine, en date du 22 décembre 1875, d'où il résulte que la Bibliothèque nationale a valablement fait saisir un manuscrit détourné en 1804, porté depuis en Angleterre, vendu à Londres en 1873 et remis en vente à Paris en 1874.

Les acheteurs des manuscrits Libri et Barrois savent donc à quelles conséquences eux et leurs ayants cause sont exposés en vertu de la jurisprudence française.

Pour éviter tout malentendu, il importe aussi de prévenir que les indications contenues dans les documents qui vont suivre ne sauraient être considérées comme définitives et complètes. Elle ne sont données qu'à titre d'exemples, et personne ne saurait dire maintenant combien d'articles volés renferment les collections du comte d'Ashburnham. A cet égard, chaque jour nous apporte de nouveaux éléments d'information. En veut-on une preuve?

Pendant que je corrigeais les épreuves de ce fascicule, M. Bénet, archiviste du département de Saône-et-Loire, m'a communiqué une très intéressante notice qu'il va publier, sous les auspices de l'Académie de Mâcon, sur les *Manuscrits des Minimes de la Guiche,* dont les uns sont conservés aux archives de Saône-et-Loire, les autres à la bibliothèque publique de Mâcon. La lecture de cette notice me rappela que dans le fonds Barrois, sous les nᵒˢ 69 et 344, se trouvent deux ouvrages ayant appartenu aux Minimes de la Guiche. Le catalogue rédigé par Holmes décrit ainsi le nᵒ 69 :

[1] Plus loin, p. 124.

La Légende des sains qui est ditte Légende dorée, translatée du latin de Jacobus de Voragine en français par Jehan de Vignay.

Manuscrit du xv° siècle sur vélin. Deux volumes in-folio. 195 feuillets au premier volume et 269 au second.

Sur le premier feuillet sont peintes les armes de Jean d'Auxy, chevalier de la Toison d'or, échiqueté d'or et de gueules. Sur le même feuillet on lit : « Ex bibliotheca Minimorum Guichiensium ». — Reliure moderne en maroquin cramoisi.

Magnifique manuscrit, avec de très nombreuses peintures. Les peintures sont généralement en camaïeu gris dans le premier volume, et en couleurs dans le second.

Voilà donc dans la collection Barrois deux volumes d'une Légende dorée, ornés de peintures, qui viennent du couvent de la Guiche et qui portent les armes de Jean d'Auxy.

Or, sur le catalogue que M. Bénet a récemment dressé des manuscrits de la bibliothèque de Mâcon figure un troisième volume de la Légende dorée, orné de nombreuses peintures, au premier feuillet duquel sont peintes les armes de Jean d'Auxy (échiqueté d'or et de gueules), avec la note : « Ex bibliotheca Minimorum Guichiensium ».

C'est là évidemment le frère des deux volumes compris dans le fonds Barrois. Je ne saurais dire à quelle époque la séparation s'est faite; mais c'est évidemment à une date assez récente. En effet, les trois volumes étaient encore réunis en 1834 sur les rayons de la bibliothèque de Mâcon. Un catalogue imprimé dans cette ville en 1834 les mentionne expressément tous les trois :

La Légende dorée. Sur vélin, avec figures et vignettes enluminées. 3 volumes in-folio, reliés en veau, filets et tranches dorés[1].

C'est donc postérieurement à l'année 1834 qu'une main

---

[1] *Catalogue de la bibliothèque publique de la ville de Mâcon* (Mâcon, 1835, in-8°), p. 40.

coupable a volé à Mâcon les deux premiers volumes de la Légende dorée qui figurent aujourd'hui parmi les plus beaux
manuscrits à peintures du comte d'Ashburnham. — Que de
révélations du même genre nous seront faites quand nous se-
rons mieux renseignés sur l'histoire de nos bibliothèques et
sur l'état des collections Libri et Barrois !

Pour mesurer toute l'étendue des pertes que nos bibliothèques publiques ont faites depuis la Révolution, et pour savoir exactement quels débris peuvent en être reconnus dans
les collections Libri et Barrois, il faudrait, d'une part, posséder
un catalogue exact et détaillé de ces deux collections, avec la
mention des supercheries imaginées par les voleurs pour dissimuler les véritables origines des manuscrits, et, d'autre part,
avoir fait l'appel de tous les manuscrits qu'on sait avoir été
possédés au xviiie siècle dans les établissements dont les dé-
pouilles ont été ou ont dû être recueillies par nos bibliothèques
publiques à Paris et dans les départements. Mais, sans attendre
des renseignements aussi précis, nous pouvons dès maintenant déclarer, sans la moindre hésitation, que les collections
vendues clandestinement par Libri et par Barrois en 1847 et
en 1849 sont remplies de manuscrits volés et falsifiés, et qu'il
n'y a aucune sécurité à acquérir les volumes qui font partie de
ces collections.

Telle est la conclusion à tirer des documents qu'on va lire
et dans lesquels se trouve établie la véritable origine de beaucoup de manuscrits précieux pour l'histoire, pour l'archéologie
et pour la littérature de la France.

LES MANUSCRITS

DU COMTE D'ASHBURNHAM.

RAPPORT

AU MINISTRE DE L'INSTRUCTION PUBLIQUE
ET DES BEAUX-ARTS.

Bibliothèque nationale, 28 juin 1883.

Monsieur le Ministre,

L'intérêt que vous avez témoigné, dans ces derniers temps, à la cause de nos bibliothèques et votre ardeur à réparer les désastres dont elles ont jadis été victimes, me font un devoir de vous exposer en détail les négociations dont les manuscrits du comte d'Ashburnham ont été l'objet depuis quatre mois, et auxquelles j'ai été appelé à prendre une part active. Les questions qui ont été agitées sont encore loin d'être résolues; mais plus d'un point controversé est désormais à l'abri de toute contestation, et nous pouvons espérer qu'un jour ou l'autre, il sera fait droit à des réclamations dont le principe est accepté, je crois, par tous les administrateurs de bibliothèques publiques. L'affaire est assez importante pour que l'historique en soit retracé d'après des renseignements authentiques, dont beaucoup n'ont encore été employés ni en France, ni en Angleterre.

Avant tout, il convient d'indiquer en quelques lignes la nature des collections dont il s'agit.

1

I

NATURE ET ORIGINE DES MANUSCRITS D'ASHBURNHAM-PLACE.

L'une des plus remarquables collections de manuscrits qui aient été formées au xixe siècle est celle que le dernier comte d'Ashburnham a réunie dans le château d'Ashburnham, et qui lui assure un des premiers rangs parmi les bibliophiles contemporains. Elle se compose, en chiffres ronds, d'environ 4,000 articles, répartis en quatre fonds ou séries distinctes, savoir :

Fonds Libri : 1,923 numéros.
Fonds Barrois : 702 numéros.
Fonds Stowe : 996 numéros.
Fonds de manuscrits acquis isolément ou par petits groupes, connu sous la dénomination de Appendix : environ 250 numéros.

Le fonds Libri fut acheté, en 1847, pour une somme de 8,000 l. st. ou 200,000 francs; le fonds Barrois, en 1849, pour une somme de 6,000 l. st. ou 150,000 francs; le fonds Stowe, la même année, pour une somme de 8,000 l. st. ou 200,000 francs. Nous manquons de données précises sur la dépense qu'a entraînée l'achat des 250 manuscrits de l'Appendice; mais on ne doit pas s'éloigner du chiffre exact en l'évaluant à 8,000 ou 10,000 l. st., soit 200,000 ou 250,000 francs. Les collections du comte d'Ashburnham peuvent donc représenter une dépense d'environ 32,000 l. st. ou 800,000 francs. La valeur artistique et littéraire de ces collections justifie bien les sacrifices que le noble lord s'était imposés pour en devenir propriétaire. Il suffit, pour s'en assurer, de parcourir les catalogues qui ont été publiés :

Catalogue of the Mss. at Ashburnham-Place. Part the first, comprising a collection formed by professor Libri. London, printed by Charles Hodgson. Sans date. In-4° de 240 pages non chiffrées. (Ce catalogue est la reproduction de notes très abrégées que Libri avait rédigées, en 1845, pour vendre sa collection et dont la Bibliothèque nationale possède la minute.)

Catalogue of the Mss. at Ashburnham-Place. Part the second, comprising a collec-

tion formed by Mr. J. Barrois. London, printed by Charles Francis Hodgson. Sans date. In-4° de 392 pages non chiffrées. (Ce catalogue a été rédigé par J. Holmes.)

Bibliotheca manuscripta Stowensis. A descriptive catalogue of the Mss. in the Stowe library, by the Rev. Charles O'Connor. Buckingham, 1818 et 1819. Deux volumes in-4°.

Catalogue of the important collection of manuscripts from Stowe, which will be sold by auction by Mess. S. Leigh, Sotheby and C°. On monday 11 th. of June 1849 and seven following days. In-4° de XL et 252 pages.

Catalogue of the Mss. at Ashburnham-Place. Appendix. London, printed by Charles Francis Hodgson, 1861. In-4° de 192 pages non chiffrées. (Ce catalogue s'arrête au n° CCIII de l'Appendix. Il y a des feuilles supplémentaires; j'ai eu entre les mains celles qui contiennent la notice des mss. CCIV — CCXXIV.)

A catalogue of the Mss. at Ashburnham-Place, 1853. London, printed by Charles Francis Hodgson. In-folio. (C'est une table alphabétique des mss. contenus dans les fonds Libri, Barrois, Stowe et Appendix.)

The manuscripts of the earl of Ashburnham. (Résumé des catalogues précédents, compris dans la série des documents parlementaires; il a pour titre : *Eighth report of the royal commission of historical Mss. Appendix, part III.* London..., for Her Majesty's stationery office, 1881. In-folio de 127 pages.)

II

DANS QUELLES CONDITIONS LE COMTE D'ASHBURNHAM A-T-IL ACQUIS LES FONDS LIBRI ET BARROIS?

Je m'écarterais du sujet que j'ai à traiter si je parlais des manuscrits du fonds Stowe et de l'Appendice. Concentrons notre attention sur les fonds Libri et Barrois, les seuls dont il importe ici d'éclaircir l'histoire.

Un volume suffirait à peine pour expliquer dans quelles circonstances et par quels moyens Libri s'était formé une collection d'environ 2,000 manuscrits, dont il arrêta le catalogue vers la fin de l'année 1845, et qu'il se décida à vendre au commencement de l'année 1846. Le projet de vente ne fut communiqué qu'à des amis dont la discrétion était éprouvée, et les personnes auxquelles le secret fut confié s'engagèrent à garder le silence le plus absolu. Libri put leur dire qu'il se déterminait à vendre ses manuscrits après les avoir offerts en pur don à la Bibliothèque royale, dont le Conservatoire n'avait pas agréé un tel acte de munificence. Mais s'il a tenu des propos de ce genre à ses amis en 1846, c'était uniquement pour se ménager un moyen de défense. Jamais Libri n'a offert de donner ses manuscrits à la Bibliothèque royale, jamais il n'a même annoncé publiquement en France l'intention de les aliéner. Voici, d'après les pièces originales que j'ai sous les yeux, comment les choses se sont passées.

Panizzi, qui dès lors était en relations d'amitié avec Libri, se chargea de négocier la vente des manuscrits au Musée britannique. L'affaire fut entamée au mois de janvier 1846 ; elle était conduite avec un tel secret que le nom même du vendeur ne devait pas être révélé au conseil des Trustees. Le nom de Libri ne fut peut-être pas prononcé ; mais un rapport qui fut soumis au conseil dans la séance du 25 avril 1846 annonçait que le propriétaire était « un professeur de Paris, membre de l'Institut, natif de Florence et auteur de l'*Histoire des sciences mathématiques en Italie* ». Une indication aussi transparente pouvait bien passer pour une divulgation. Aussi Panizzi éprouva-t-il le besoin de prévenir et de repousser le reproche d'avoir commis une indiscrétion et manqué à sa parole. Tel est l'objet d'une longue lettre, en date du 4 mai, dans laquelle Panizzi reconnaît avoir promis le secret d'une façon solennelle et à plusieurs reprises : *Una delle principali o più tosto la sola importante promessa che voi essigeste da me, e che io vi diedi solenne et ripetutamente, fu che questo negoziato dovesse restare strittamente fra noi.* Les indiscrétions dont s'indignait Panizzi n'arrivèrent pas jusqu'à Paris, où les amis intimes de Libri furent seuls au courant des négociations entamées avec le Musée britannique.

Aussitôt que ces négociations eurent été rompues, Libri adressa à l'Université de Turin des propositions qui n'eurent aucun succès.

L'intervention d'un fonctionnaire du Musée britannique devait le dédommager de ce double échec.

Le conservateur-adjoint des manuscrits, John Holmes, était particulièrement lié avec le comte d'Ashburnham, chez lequel venait de se révéler un amour passionné pour les livres rares et surtout pour les manuscrits. Il conçut le projet de lui faire acheter la collection de Libri, que le Musée britannique avait vainement essayé d'acquérir. Lord Ashburnham se fit aussitôt mettre en rapport avec Libri; il commençait par garantir le secret le plus absolu. C'est M. Holmes qui nous l'apprend dans une lettre du 24 novembre 1846, où il s'exprime ainsi en parlant de son ami : « For his honor and secrecy, I would answer as for my own. He has empowered me to mention to you his name in confidence, trusting that, in the event of no result arising from the negociation, his name would not transpire, nor your own. He is the earl of Ashburnham. » La démarche de Holmes avait un caractère si confidentiel que Panizzi lui-même n'en était pas instruit : « All this is secret, even from our friend Panizzi. »

Il suffit à lord Ashburnham de parcourir le catalogue des manuscrits de Libri pour concevoir le projet de les acquérir. Toutefois, avant de rien conclure, il voulut avoir l'avis d'un libraire, Rodd, qui jouissait de toute sa confiance. Dans les premiers jours de mars 1847, Rodd fut donc chargé d'aller à Paris voir la collection et d'en rapporter quelques volumes propres à en faire apprécier l'importance. Il emportait une somme de 2,500 l. st. (52,500 francs), qu'il devait laisser entre les mains de Libri, si celui-ci consentait à lui confier un choix de ses manuscrits. C'est ainsi que le Pentateuque orné de peintures et le Livre d'heures de Laurent de Médicis furent apportés en Angleterre. Du moment où lord Ashburnham les eut vus dans son château, le 17 mars, il n'eut plus d'hésitations. Il annonça à Libri que Rodd allait repartir, muni de pleins pouvoirs pour traiter, et comme il savait que le vendeur tenait à s'entourer d'un profond mystère, il s'engageait sur l'honneur à ne révéler à personne ce qui allait se passer entre eux : « Permit me, before I procede further, to assure you that I consider every communication from you as strictly confidential, and that I am bound in honour not to make the slightest mention of any thing that has passed between us to any person whatsoever without your permission. »

J'ignore ce qui se passa dans la seconde entrevue de Rodd avec

Libri. Ce qui est certain, c'est que la collection fut cédée pour une somme de 8,000 l. st. (200,000 francs) et que les manuscrits, soigneusement emballés dans seize caisses, arrivèrent à Ashburnham-Place, le 23 avril 1847.

Il importait de donner ces détails pour bien établir que la vente des manuscrits de Libri a été un acte clandestin.

On est moins bien renseigné sur la façon dont Barrois trafiqua de sa collection de manuscrits en 1849. Le marché était conclu quand on en parla à Paris, et personne en France, sinon les agents de Barrois, n'avait de notions exactes ni sur le nombre, ni sur la nature de la seconde collection de manuscrits que le comte d'Ashburnham tirait de la France. Pour s'en convaincre, il suffit de lire les notices qui parurent après la mort de Barrois, arrivée le 21 juillet 1855. La première révélation qui fut faite à ce sujet se réduisait à des notes informes que le docteur Haenel consigna en 1862 dans *Intelligenz Blatt zum Serapeum* (n°s 18-21).

III

LES COMTES D'ASHBURNHAM ONT-ILS CONNU L'ORIGINE SUSPECTE D'UNE PARTIE DES FONDS LIBRI ET BARROIS?

Malgré les précautions que Libri et Barrois prenaient pour se défaire clandestinement de leurs manuscrits, je suis certain que le comte d'Ashburnham, quand il traitait avec eux, ne soupçonnait pas qu'il était en présence de voleurs ou de recéleurs. Ce qui met sa bonne foi à l'abri de toute atteinte, c'est le soin qu'il prit de faire imprimer les catalogues de ses collections; c'est la libéralité avec laquelle il fit des communications à plusieurs de nos compatriotes, et notamment à M. Paul Meyer. Il n'en faut pas moins reconnaître que, de très bonne heure, il sut parfaitement quelle était la véritable origine d'une partie des manuscrits que Libri et Barrois lui avaient vendus. Il était trop perspicace pour ne pas saisir la portée et la valeur des accusations qui, dix mois à peine après l'arrivée des manuscrits de Libri à Ashburnham-Place, s'élevaient en France contre le fonctionnaire qui avait abusé de son crédit et de sa position pour piller les plus riches dépôts de Paris et des départements. Il n'eut pas même besoin de lire les nombreux écrits qui furent alors publiés et répandus à profusion dans tous les pays de l'Europe. Il avait par devers lui les preuves les plus décisives de la culpabilité de Libri.

Personne n'ignore aujourd'hui que ce malfaiteur avait cru dissimuler la trace de ses vols en donnant une apparence italienne aux manuscrits qu'il avait soustraits dans les bibliothèques françaises. Mais c'est au comte d'Ashburnham que revient le mérite d'avoir le premier soupçonné la fraude. Il l'a déclaré très expressément dans une lettre qu'il me fit l'honneur de m'écrire le 16 juin 1869, à la suite d'observations que j'avais pris la liberté de lui soumettre. Voici dans quels termes il parlait de Libri : « Other mss. from his collection contain what I have long suspected and what you state to be fraudulent attempts to conceal the true *unde derivantur* of property that has been lost or stolen. » Après avoir lu une telle déclaration, ce serait faire outrage au comte d'Ashburnham que de prétendre qu'il a ignoré à quelles sources Libri avait puisé pour se procurer les manuscrits les plus anciens de sa collection.

La vérité s'est faite avec non moins d'éclat sur l'origine d'une partie des manuscrits Barrois. Au mois de mars 1866, trois mois après l'arrivée en France du premier exemplaire du catalogue de ces manuscrits, la *Bibliothèque de l'École des chartes*[1] publiait un long mémoire intitulé : *Observations sur l'origine de plusieurs manuscrits de la collection de M. Barrois*. A l'aide de rapprochements d'une rigueur mathématique, il y était établi qu'une soixantaine de ces manuscrits provenaient de vols commis à la Bibliothèque nationale entre les années 1840 et 1848, et le comte d'Ashburnham était le premier à reconnaître, et dans sa conversation, et dans sa correspondance, que telle était bien l'origine des manuscrits qui venaient d'être examinés dans la *Bibliothèque de l'École des chartes*.

[1] 6ᵉ série, t. II, p. 193-264. — Les observations sur les manuscrits du fonds Barrois sont reproduites, avec quelques additions, à la suite du présent rapport.

Ainsi, l'ancien comte d'Ashburnham a parfaitement su qu'il y avait une notable quantité de manuscrits volés dans le fonds Libri et dans le fonds Barrois. La respectueuse admiration dont le jeune comte d'Ashburnham entoure la mémoire de son père ne lui permet pas d'avoir un autre avis sur ces délicates questions. Il a d'ailleurs montré qu'il était parfaitement en état de discuter lui-même des problèmes d'érudition bibliographique. Il nous en a donné la preuve, en 1880, dans une circonstance qui lui fait trop d'honneur pour que je ne la rappelle pas ici.

A la suite d'un article que j'avais publié dans la *Bibliothèque de l'École des chartes,* pour établir que le ms. 7 du fonds Libri se composait de cahiers arrachés dans le Pentateuque qui avait jadis formé le ms. 329 de Lyon, lord Ashburnham avait combattu mes conclusions dans une lettre où il soutenait ces deux points : 1° que Libri aurait eu intérêt à prendre non pas un morceau du Pentateuque, mais le Pentateuque tout entier; 2° qu'on ne pouvait pas déterminer à quelle époque les feuillets du Pentateuque avaient été détachés du manuscrit de Lyon. « Tels sont, disait-il en terminant, quelques-uns des arguments que je pourrais faire valoir pour justifier ma détention de ce manuscrit, et dont la justesse serait admise, j'ose le croire, par les tribunaux de tous les pays. » Le jour même où je recevais les observations de mon honorable contradicteur, le 20 avril 1880, je lui offrais de soumettre la question à des arbitres dont personne ne pouvait récuser la compétence : MM. Bond et Thompson, du Musée britannique, M. Coxe, de la Bodléienne, et M. Bradshaw, de Cambridge. Le lendemain, lord Ashburnham m'écrivait : « Je ne chercherai jamais à me dérober aux conséquences de mes propres paroles, et je vous promets que, le jour où vous m'aurez fait constater, dans un ouvrage publié en 1837, la mention de l'existence à la bibliothèque de Lyon des fragments du Pentateuque achetés par mon père à Libri en 1847, vous n'aurez pas besoin de l'arbitrage que vous me proposez pour obtenir l'aveu, je ne dirai pas de ma défaite, puisqu'il ne s'agit, après tout, que d'une discussion à l'amiable, mais de ma conversion à vos idées. »

Comme réponse à une aussi courtoise communication, j'envoyai la copie textuelle de ce que le docteur Fleck avait dit du Pentateuque vu par lui à Lyon en 1837. Aussitôt après, le 27 avril, lord Ashburnham m'annonçait que la preuve était faite, et il remettait aussitôt entre les mains de M. Léon Say, alors ambassadeur de France à Londres, les fragments du précieux Pentateuque, que la loi anglaise l'autorisait à conserver, mais dont il tenait à faire présent à la France.

Un tel acte ne montre-t-il pas mieux que tout raisonnement que le jeune comte d'Ashburnham sait, comme son père, que les origines du fonds Libri et du fonds Barrois sont très suspectes et que nous ne sommes pas embarrassés pour prouver que tel ou tel article de ces collections provient de vols commis à une époque assez rapprochée de nous?

IV

PROJETS DE VENTE DES COLLECTIONS D'ASHBURNHAM-PLACE EN 1880 ET 1883. — EFFORTS POUR RENTRER EN POSSESSION DES MANUSCRITS DÉROBÉS AUX DÉPÔTS FRANÇAIS.

Signaler sur la terre étrangère des manuscrits précieux pour notre histoire et pour notre littérature, que des mains infidèles ont soustraits à nos bibliothèques, c'est faire toucher du doigt la nécessité de les rapatrier, même au prix de sacrifices relativement considérables. L'idée de récupérer ceux de nos manuscrits volés qui ont fait la réputation des fonds Libri et Barrois s'est produite il y a déjà longtemps. On ne pouvait pas songer à la réaliser du vivant de l'ancien comte d'Ashburnham, qui tenait à ses manuscrits comme à une partie de lui-même.

A sa mort, arrivée le 22 juin 1878, les collections d'Ashburnham-Place échurent à son fils, qui n'avait aucun motif particulier de vouloir les conserver dans leur intégrité. Au commencement de l'année 1880, il fit connaître son intention de vendre les manuscrits de son père, s'il en trouvait un prix satisfaisant. Vous voulûtes bien alors, Monsieur le Ministre, m'autoriser à m'entendre avec l'administration du Musée britannique sur la marche à suivre pour assurer à l'Angleterre et à la France la possession des monuments qui les intéressaient le plus directement, et pour prévenir la dispersion de collections dont les destinées préoccupent tous les savants de l'Europe. Les conditions d'un partage équitable ne furent pas difficiles à trouver : les volumes du fonds Stowe et de l'Appendice seraient restés à l'Angleterre, et les fonds Libri et Barrois seraient rentrés en France.

Le projet échoua, parce que nos offres, comme celles du Musée britannique, furent jugées insuffisantes. J'avais trouvé équitable de proposer en bloc le double des sommes payées en 1847 et en 1849 à Libri et à Barrois, soit 700,000 francs, sans faire aucune réserve au sujet des manuscrits d'origine suspecte. En repoussant ma proposition, lord Ashburnham me fit observer « que je n'avais pas calculé les intérêts accumulés, depuis 1847 et 1849, de l'argent employé par son père à l'acquisition des collections Libri et Barrois ». Le reproche était peut-être fondé, mais j'avais pensé qu'un lord anglais pouvait faire entrer en ligne de compte l'honneur de voir son nom à jamais illustré par le souvenir de la collection que son père avait formée et d'où il avait tiré les éléments de publications justement estimées. Quoi qu'il en soit, l'affaire ne fut pas poussée plus loin. J'étais bien certain qu'on y reviendrait un jour ou l'autre, et je ne m'étonnai guère, au mois de février dernier, quand je fus courtoisement averti par l'administration du Musée britannique que le comte d'Ashburnham offrait aux Trustees de céder l'ensemble de ses collections pour une somme de 160,000 l. st., c'est-à-dire 4 millions de francs[1].

Immédiatement (15 février 1883), j'écrivis au conseil des Trustees pour lui remontrer que le fonds Libri et le fonds Barrois contenaient beaucoup de manuscrits volés dans nos dépôts publics et indignement falsifiés. Je le suppliais de prendre en considération notre très vif et

---

[1] Au moment même où la proposition était officiellement soumise au conseil des Trustees, le comte d'Ashburnham, par une lettre en date du 11 février, faisait officieusement connaître qu'il avait reçu d'un agent américain des offres pour traiter de l'acquisition en bloc de ses collections de livres imprimés et de manuscrits.

très légitime désir de rentrer en possession de monuments précieux pour notre histoire et pour notre littérature, qui, après nous avoir été frauduleusement dérobés, avaient été clandestinement vendus en Angleterre, et au sujet desquels d'énergiques protestations avaient été élevées sans interruption depuis le moment de la vente. Je le conjurais de ne pas associer la nation anglaise aux plus honteux actes de vandalisme, en incorporant dans les collections du Musée britannique beaucoup de prétendus manuscrits qui, en réalité, sont des cahiers arrachés à nos plus vénérables et nos plus anciens manuscrits.

Pour montrer, par un exemple frappant, qu'il n'y avait rien d'exagéré dans ma réclamation, je pris un à un les quatorze plus anciens manuscrits du fonds Libri, et dans un mémoire lu le 23 février à l'Académie des inscriptions [1], je prouvai que tous ces volumes provenaient de vols commis, vers l'année 1842, à Lyon, à Tours, à Troyes et à Orléans.

C'est alors, Monsieur le Ministre, que vous nous vîntes puissamment en aide, en instituant, sous la présidence de M. le Sous-Secrétaire d'État, une commission [2] chargée de vous proposer les mesures les plus efficaces pour rentrer en possession de nos malheureux manuscrits. Cette commission, réunie d'urgence, reconnaissait à l'unanimité la convenance de contribuer à l'acquisition des manuscrits du comte d'Ashburnham pour une somme proportionnelle à la valeur des articles qui seraient restitués aux bibliothèques françaises.

Muni de vos instructions, Monsieur le Ministre, je me rendis à

---

[1] Le mémoire lu à l'Académie a été publié dans le *Temps* du 25 février et réimprimé avec des notes dans les *Comptes rendus des séances de l'Académie*, année 1883, pages 47-75; il est reproduit plus loin.

[2] Cette commission était composée de MM. Durand, député, sous-secrétaire d'État au ministère de l'instruction publique et des beaux-arts, président; Charton, sénateur, membre de l'Institut; Waddington, sénateur, membre de l'Institut; Ribot, député; Lockroy, député; Merlin, maire de Douai, sénateur; Delisle, administrateur général de la Bibliothèque nationale; Meyer, directeur de l'École des chartes; Lalanne, de la bibliothèque de l'Institut; Charmes, directeur du Secrétariat, membre de droit; Collin, chef du 3ᵉ bureau du Secrétariat, secrétaire.

2.

Londres, et avec le concours de M. Paul Meyer, directeur de l'École des chartes, et de M. Julien Havet, archiviste paléographe, je dressai une liste d'environ 200 volumes du fonds Libri et du fonds Barrois, qui, d'après des indices plus ou moins probants, nous avaient paru provenir de vols commis dans nos bibliothèques ou dans nos archives. Cette liste fut agréée par M. Bond, administrateur du Musée britannique, et par M. Thompson, conservateur du département des manuscrits. De part et d'autre, il nous parut équitable de fixer à 600,000 francs la valeur de ces 200 volumes, dans l'hypothèse que l'ensemble des manuscrits du comte d'Ashburnham serait payé 4 millions. Il aurait été entendu que la France ne réclamerait aucun autre article des collections offertes en ce moment au Musée britannique.

Sur le rapport de la commission que vous aviez chargée d'examiner la question, vous n'avez pas hésité, Monsieur le Ministre, à approuver le projet de convention que j'avais rapporté d'Angleterre, et, le 31 mars, dans l'éloquent discours par lequel vous avez clos le congrès des Sociétés savantes, vous prîtes l'engagement solennel de faire restituer à la France des documents qui sont l'honneur de nos bibliothèques et qui en font la gloire aux yeux du monde savant.

De son côté, le conseil des Trustees, dans une séance générale tenue le 17 mars, avait adopté la combinaison qui nous paraissait concilier tous les intérêts. Il reconnut la justice de nos réclamations, et, sans rechercher si les vols avaient été commis par Libri ou par d'autres personnes, il déclara que les manuscrits dont il était question n'auraient pas dû sortir des bibliothèques de la France et qu'il fallait donner aux Français le moyen de les recouvrer. En conséquence, le conseil recommandait au Gouvernement l'acquisition de tous les manuscrits de lord Ashburnham et prenait l'engagement de nous rétrocéder, au prix de 600,000 francs, les volumes ou portefeuilles dont la liste avait été arrêtée le 10 mars. Ainsi se trouvait justifié « le public et cordial hommage » que vous avez rendu « à la droiture, à la loyauté de nos voisins d'Angleterre, à l'esprit de justice de leurs savants, aux nobles sentiments des Trustees du Musée britannique ».

Tout semblait donc marcher à souhait et nous avions lieu d'espérer voir bientôt rentrer en France les précieux manuscrits dont nous avons été dépouillés il y a environ quarante ans. Malheureusement l'assentiment du Gouvernement anglais, sur lequel l'opinion publique semblait devoir compter, fit complètement défaut. La Trésorerie refusa d'allouer les fonds nécessaires pour l'achat en bloc des manuscrits de lord Ashburnham, et les Trustees furent invités à examiner s'il n'y aurait pas moyen d'acquérir isolément les parties qui touchaient plus particulièrement l'Angleterre, c'est-à-dire les manuscrits du fonds Stowe et de l'Appendice. Après quelques hésitations, lord Ashburnham se décida à les céder pour une somme de 100,000 l. st. qu'il réduisit bientôt à 90,000 l. st. (2,250,000 francs). Dans leur séance du 30 avril, les Trustees recommandèrent cette acquisition au Gouvernement, comme éminemment utile pour le Musée britannique. Cette fois encore leurs conseils ne furent pas écoutés. La Trésorerie répondit qu'on ne pouvait donner que 70,000 l. st. (1,750,000 francs) pour les manuscrits du fonds Stowe et de l'Appendice. Vainement le Musée britannique offrit-il de prendre à sa charge les 20,000 l. st. de la différence, en subissant une réduction de 4,000 l. st. (100,000 francs) par an sur son budget ordinaire de cinq exercices financiers. Le Gouvernement persista dans son refus de payer plus de 70,000 l. st. le fonds Stowe et l'Appendice. Ce refus péremptoire a mis fin aux négociations [1].

A tous égards, un tel échec est vraiment déplorable. Nous aurions applaudi, sans aucune arrière-pensée, à l'entrée au Musée britannique de deux collections qui auraient singulièrement augmenté l'importance de ce bel établissement, et qui, par là, seraient devenues accessibles au monde savant tout entier. De plus, nous aurions pu espérer que lord Ashburnham, après avoir entamé ses collections dans l'intérêt de l'Angleterre, n'aurait pas repoussé les ouvertures qui lui auraient été

---

[1] Postérieurement à la date du présent rapport, les manuscrits du fonds Stowe ont été achetés pour le Musée britannique. Le prix de l'acquisition a été fixé, paraît-il, à 45,000 liv. sterl. c'est-à-dire 1,125,000 francs.

faites pour ménager à la France le moyen de rentrer en possession de
ses manuscrits, ce qui, pour lui, aurait eu l'immense avantage d'at-
ténuer, sinon d'effacer, le discrédit dans lequel sont tombés les fonds.
Libri et Barrois.

V

ÉTAT ACTUEL DE LA QUESTION. —— SOMMES-NOUS BIEN EN MESURE DE PROUVER QUE
BEAUCOUP D'ARTICLES DES FONDS LIBRI ET BARROIS PROVIENNENT DE VOLS COMMIS
DANS LES DÉPÔTS FRANÇAIS À UNE DATE TRÈS RAPPROCHÉE DE NOUS? —— EXEMPLES
TIRÉS DE LA BIBLIOTHÈQUE NATIONALE ET DES BIBLIOTHÈQUES DE LYON, DE TOURS
ET D'ORLÉANS. —— EST-IL ÉTABLI QUE LIBRI SOIT LE VOLEUR?

Vous venez de voir, Monsieur le Ministre, quel fâcheux concours de circonstances a fait évanouir les espérances que nous avons
conservées, pendant plusieurs sema'nes, d'obtenir, au prix de
600,000 francs, la rétrocession des manuscrits dont la perte est un
sujet de deuil pour nos principales bibliothèques. La combinaison qui
semblait devoir amener cet heureux résultat doit être abandonnée, et
le projet de convention auquel le Musée britannique avait adhéré est
tombé à l'état de lettre morte. Nos efforts n'ont cependant pas été sté-
riles.

Ce n'est pas un mince résultat que d'avoir vu une autorité telle que
le conseil des Trustees, déclarer que l'on devait ménager aux Français
le moyen de récupérer les manuscrits indûment sortis de leurs bibliothèques, et la sympathie avec laquelle nos démarches ont été généralement suivies dans les différents pays de l'Europe, montre que désormais les hommes éclairés de toutes les nations s'entendent pour flétrir
le pillage des dépôts publics et pour reconnaître que les trésors d'art
et de science conservés dans les musées, les bibliothèques et les archives forment un domaine inaliénable, à l'intégrité duquel le monde
civilisé tout entier doit s'intéresser.

Un jour ou l'autre, ces principes trouveront leur application. Mais
jamais nous n'aurons une occasion plus favorable de les invoquer qu'au
moment où se posera de nouveau la question de la vente des collec-

tions d'Ashburnham-Place. C'est en vue de cette éventualité que nous devons mettre en pleine lumière les arguments à l'aide desquels nous pouvons soutenir nos prétentions. Le plus souvent, ces arguments sont d'une telle évidence que le simple bon sens suffit pour en faire apprécier la valeur.

En ce qui touche les manuscrits du fonds Barrois, je n'ai pas à revenir sur les observations que j'ai développées en 1866 et qui ont aujourd'hui l'autorité de chose jugée, puisque, depuis dix-sept ans, aucune de mes conclusions n'a été attaquée.

Pour les manuscrits du fonds Libri, les constatations que les experts, MM. Bordier, Bourquelot et Lalanne, avaient faites avec tant de clairvoyance, en 1848 et en 1849, suffisent, à la rigueur, pour éveiller et même pour justifier les soupçons dont beaucoup d'articles, et notamment les recueils de lettres autographes, ont été l'objet dans les trente-cinq dernières années. Mais il est possible d'aller plus loin, en vérifiant minutieusement l'état actuel de nos collections, et en étudiant attentivement tous les anciens catalogues, même ceux du XVIIe ou du XVIIIe siècle, même ceux qui se présentent à l'état de notes informes.

C'est ainsi que je suis arrivé à des résultats indiscutables sur un assez grand nombre de manuscrits de Lyon, de Tours et d'Orléans. Il n'est pas inutile de les indiquer ici, ne fût-ce que pour convaincre les plus incrédules que nos réclamations reposent sur des faits de toute évidence, et non pas sur de vagues présomptions, comme l'ont souvent répété d'imprudents défenseurs de Libri.

MANUSCRITS DE LYON.

Je n'ai guère eu l'occasion d'étudier à Lyon que des manuscrits en lettres onciales. L'examen que j'avais fait, en 1878, du fameux Pentateuque m'avait suggéré l'idée que Libri, ne pouvant pas sans danger s'approprier des manuscrits entiers de la bibliothèque de Lyon, s'était contenté d'y prendre, dans les volumes les plus précieux, un certain nombre de cahiers ou de feuillets qu'il choisissait de façon à pouvoir en former de petits volumes ayant, au premier abord, l'apparence de manuscrits complets. Ma conjecture était parfaitement fondée. C'est à l'aide de prélèvements adroitement opérés sur les mss. 517, 381, 521, 351 et 372 de Lyon que Libri a composé les n°ˢ 2, 3, 4, 5 et 12 de sa collection, dont voici une indication sommaire :

N° 2. Opuscules de saint Jérôme, en lettres onciales. Volume de 19 feuillets, qui ont été arrachés dans le ms. 517 de Lyon[1] entre les feuillets actuellement cotés 52 et 53.

N° 3. Fragment de l'Exposition des psaumes, par saint Hilaire, en lettres onciales. Volume de 15 feuillets, qui comblent exactement une lacune signalée entre les fol. 117 et 118 du ms. 381 de Lyon[2].

N° 4. Traités de saint Augustin, en lettres onciales. Volume de 42 feuillets, qui comblent exactement une lacune entre les fol. 33 et 34 du ms. 521 de Lyon[3]. (Cette observation est due à M. Caillemer, correspondant de l'Institut, doyen de la Faculté de droit de Lyon.)

N° 5. Fragment de Psautier, en lettres onciales, contenant en tout ou en

[1] Voyez une note sur le ms. 517 de Lyon, plus loin, à la suite des Observations sur les plus anciens manuscrits du fonds Libri.

[2] Notices et extraits des manuscrits, XXIX, II, 364.

[3] Ibid., 369. Pour compléter ce que j'ai dit du ms. 521 de Lyon, il faut y joindre la notice que Zangemeister (Bericht über die Durchforschung der Bibliotheken Englands, dans un volume des Sitzungsberichte der phil. hist. Classe der Kais. Akademie der Wissenschaften, LXXXIV, 559) a donnée du ms. 4 de Libri, en ne perdant pas de vue que les 42 feuillets dont se compose le ms. 4 de Libri devraient être replacés dans le ms. 521 de Lyon, entre les feuillets actuellement cotés 33 et 34. Voici la notice de Zangemeister :

« Volume de 42 feuillets de parchemin, in-quarto, du VIᵉ siècle, en lettres semi-onciales.

« Commencement : + Incipit alia ejusdem de symbulo. Tempus est ut symbu-

lum... — (fol. 4 v°) ... amando justitiam. Explicit. + Incipit de oratione dominica. Quoniam Domino gubernante jam estis in regia constituti... — (fol. 8 v°)... efficiat : ipsi gloria in saecula saeculorum. Amen. Incipit sermo sancti Augustini de psalmo LXVII. Audivimus et contremuimus..... — (fol. 19 v°) ... est timeamus. Explicit sermo de psalmo LXVII... — (fol. 20 r°). Incipit de continentia et sustinentia. Duo sunt quæ... — (fol. 28 r°)... inimicum. Explicit. Incipit sermo de scriba erudito. Evangelica lectio... — (fol. 31 v°)... ut auferatur velamen. Explicit de scriba erudito... — (fol. 32 r°). Incipit sermo de eo quod Christus in scribturis tribus modis intellegatur. Dominus noster Jhesus Christus quantum... — (fol. 42 v°)... vocationis Dei in Christo Jhesu Domino nostro, cui est omnis honor et gloria in saecula saeculorum. Amen. »

« Signatures des cahiers : I sur le fol. 2

partie les psaumes CXI-CXXXIX. Volume de 63 feuillets, arrachés à la fin du ms. 351 de Lyon[1].

N° 12. Les deux premiers livres du Commentaire d'Origène sur le Lévitique, en lettres onciales. Volume de 13 feuillets, qui comblent la lacune existant entre les feuillets 161 et 162 du ms. 372 de Lyon[2].

MANUSCRITS DE TOURS.

Le désordre le plus complet régnait à la bibliothèque de Tours quand Libri la visita en 1842. Le désordre l'enhardit à un tel point qu'il ne se contenta pas d'y mutiler un certain nombre de manuscrits précieux comme il l'avait fait à Lyon. Il y prit des manuscrits entiers sans être arrêté ni par la taille, ni par le poids des volumes.

L'étendue des ravages commis à Tours par Libri a pu être appréciée depuis que les travaux de M. Dorange ont rétabli l'ordre dans le dépôt et ont exactement fait connaître ce qui subsiste des anciens manuscrits de Saint-Gatien, de Saint-Martin et de Marmoutier. En prenant pour base d'opération le catalogue de M. Dorange et différentes notes ou listes du XVIIe, du XVIIIe et du XIXe siècle, j'ai dressé un état des manuscrits qui ont disparu en tout ou en partie, et, dans la plupart des cas, j'ai pu déterminer la date approximative de la disparition. J'ai comparé l'état ainsi obtenu avec le catalogue des manuscrits de Libri, et j'ai fini par acquérir la preuve que vingt-quatre articles du fonds Libri provenaient de vols commis à la bibliothèque de Tours. Je vais en donner l'énumération, en renvoyant à un mémoire spécial qui vient de paraître[3], et dans lequel chacune de mes identifications est justifiée par des rapprochements péremptoires.

---

v°; — II sur le fol. 10 v°; — III sur le fol. 18 v°; — IIII sur le fol. 26 v°; — V sur le fol. 32 v°; — VI sur le fol. 42 v°.

« On lit sur le fol. 42 v°, en caractères du XVIe ou du XVIIe siècle : *Est Sancti Joannis in Valle* (falsification de Libri). »

[1] Voyez mes *Mélanges de paléographie et de bibliographie*, p. 11-35.

[1] *Notices et extraits des manuscrits,* XXIX, II, 372.

[3] *Notice sur les manuscrits disparus de la bibliothèque de Tours pendant la première moitié du XIXe siècle.* Paris, Champion, 1883. In-4° de 200 pages. (Extrait du tome XXXI des *Notices et extraits des manuscrits.*)

3

N° 1 du fonds Libri. Saint-Hilaire, en lettres onciales. — N° 23 de Saint-Martin. Était encore à Tours en 1826.

N° 6. Les Prophètes, en lettres onciales. — N° 90 de Marmoutier. Était encore à Tours en 1842.

N° 8. Fragments d'un manuscrit d'Eugyppius. — N° 50 du second catalogue des manuscrits de Saint-Martin.

N° 13. Pentateuque, avec peintures, en lettres onciales. — N° 4 de Saint-Gatien. Était encore à Tours en 1842.

N° 14. Les Évangiles, en caractères anglo-saxons. — N° 8 de Saint-Gatien. Était encore à Tours en 1842.

N° 21. Traités philosophiques de Cicéron, de l'époque carlovingienne. — N° 33 de Saint-Martin de Tours. Était encore à Tours en 1840.

N° 22. Virgile, du xıᵉ siècle. — Du fonds de Saint-Martin de Tours. Était encore à Tours en 1840.

N° 24. La Thébaïde de Stace, du xıᵉ siècle. — Du fonds de Saint-Martin de Tours. Était encore à Tours en 1842.

N° 25. Commentaire de Priscien sur les premiers vers de l'Énéide. — Ce sont des feuillets arrachés postérieurement à l'année 1840 dans le ms. 122 de Marmoutier, aujourd'hui n° 887 de la bibliothèque de Tours.

N° 30. L'Arithmétique de Bède et l'Astronomie d'Aratus. — Volume de 97 feuillets qui ont été arrachés, après l'année 1842, à la fin du ms. 42 de Saint-Martin, aujourd'hui n° 334 de la bibliothèque de Tours.

N° 36. Sacramentaire carlovingien, avec le canon sur parchemin pourpré. — N° 65 de Saint-Gatien. Était encore à Tours en 1842.

N° 42. Traité de saint Augustin sur la doctrine chrétienne. — N° 74 de Saint-Martin.

N° 73. Poème de saint Orient et Vision de Wettin. — Fragment arraché, postérieurement à l'année 1842, dans le ms. 118 de Saint-Martin, aujourd'hui n° 284 de la bibliothèque de Tours.

N° 75. Opuscules de saint Augustin. — Cahiers arrachés, postérieurement à l'année 1842, à la fin du ms. 153 de Saint-Martin, aujourd'hui n° 281 de la bibliothèque de Tours.

N° 87. Traité de Bède sur la nature des choses. — Volume de 22 feuillets arrachés, postérieurement à l'année 1842, dans le ms. 42 de Saint-Martin, aujourd'hui n° 334 de la bibliothèque de Tours.

N° 88. Opuscules sur les poids, les mesures, etc. — Volume de 23 feuillets arrachés, postérieurement à l'année 1842, dans le ms. 42 de Saint-Martin, aujourd'hui n° 334 de la bibliothèque de Tours.

N° 91. Histoire tripartite. — N° 143 de Saint-Gatien.

N° 101. Traité de droit canon, en provençal. — N° 186 de Marmoutier.

N° 105. Pièces provençales, en prose et en vers. — Du fonds de l'abbaye de Marmoutier, et précédemment de la collection Lesdiguières.

N° 106. Vie de saint Honorat. — N° 164 de Marmoutier.

N° 108. Roman des oiseaux, en provençal. — N° 258 de Marmoutier.

N° 109. Méditations de saint Bonaventure, en provençal. — N° 165 de Marmoutier.

N° 110. Le Nouveau Testament, en provençal. — N° 308 de Marmoutier.

N° 112. Vie de saint Alexis, en vers français, etc. — N° 239 de Marmoutier.

MANUSCRITS D'ORLÉANS.

Libri a infligé aux manuscrits d'Orléans un traitement analogue à celui qu'ont subi les manuscrits de Tours. Tantôt il a arraché des parties de volume, tantôt il a enlevé des volumes entiers ; mais à Orléans, comme les manuscrits étaient régulièrement cotés depuis la publication du catalogue de Septier en 1820, le voleur se crut obligé de remplacer les volumes précieux qu'il s'appropriait par des volumes plus ou moins insignifiants, qui étaient restés en dehors du classement régulier. La plupart des fraudes n'ont été reconnues que dans ces derniers mois ; j'ai pu les constater, grâce à l'obligeant concours de M. Loiseleur, le savant et ingénieux conservateur de la bibliothèque d'Orléans, et à des communications de M. Cuissard, connu par d'intéressants travaux sur plusieurs manuscrits de ce dépôt.

Voici comment peut s'établir, au moins provisoirement, la liste des manuscrits du fonds Libri qui viennent de la bibliothèque d'Orléans[1] :

N° 9. Homélies de saint Augustin, en lettres onciales. — Volume de 24 feuillets, qui formaient jadis les pages 98-113, 248-263, 328-343 du ms. 131 d'Orléans.

N° 11. Homélies de saint Augustin, en lettres onciales. — Volume de 40 feuillets, qui formaient jadis les pages 168-247 du ms. 131 d'Orléans.

[1] J'espère pouvoir prochainement publier dans le tome XXXI des *Notices et extraits des manuscrits* une suite de notes sur différents manuscrits de la ville d'Orléans et notamment sur ceux qui ont été volés ou mutilés.

N° 18. L'Art de Donat, copie du ix° siècle. — Volume de 66 pages, arrachées en tête du ms. 250 d'Orléans.

N° 19. Commentaires sur Priscien. — Volume de 56 feuillets, arrachés au milieu du ms. 87 d'Orléans, dont ils formaient les pages 247-358.

N° 31. Traités de Boèce, de Porphyre, etc. — Volume de 60 feuillets, arra. chés à la fin du ms. 223 d'Orléans, dont ils formaient les pages 100-217.

N° 35. Vies de Saints, etc. — Cahiers arrachés à la fin du ms. 167 d'Orléans, dont ils formaient les pages 101-197.

N° 37. La seconde édition de Donat. — Volume de 63 feuillets, arrachés dans le ms. 215 d'Orléans, dont ils formaient les pages 32-157.

N° 39. Règle des chanoines réguliers. — C'est le ms. 123 d'Orléans.

N° 41. Recueil de conciles, de capitulaires, etc. — Volume de 153 feuillets, décrit par dom Louis Fabre[1] comme appartenant à la bibliothèque publique d'Orléans.

N° 45. Traité de comput, etc. — Volume de 14 feuillets, arrachés en tête du ms. 15 d'Orléans, dont ils formaient les pages 1-28.

N° 46. Vies de Saints. — Volume de 120 feuillets, arrachés dans deux manuscrits; je n'ai pas encore déterminé avec certitude d'où viennent les feuillets 1-30; mais les feuillets 31-120 ont été arrachés dans le ms. 289 d'Orléans, dont ils formaient les pages 193-379.

N° 47. Fragment de Martyrologe. — Volume de 31 feuillets, arrachés en tête du ms. 274 d'Orléans.

N° 48. Vies de Saints. — C'est le ms. 281 d'Orléans.

N° 78. Fragments de deux manuscrits. — Les 28 premiers feuillets (Office de sainte Foi, avec notation musicale) ont été arrachés dans le ms. 296 d'Orléans, dont ils formaient les pages 17-72. Les 8 derniers (*Compositio monocordi secundum Boetium*) sont les pages 33-48 du ms. 240 d'Orléans.

N° 82. Explication de la Messe, etc., du ix° siècle. — Cahiers arrachés à la fin du ms. 94 d'Orléans.

N° 84. Code Théodosien, etc. — C'est le ms. 207 d'Orléans, dont les travaux de Haenel ont fait connaître l'importance.

N° 85. Fragments de divers manuscrits. — Le premier de ces fragments se compose de 4 feuillets arrachés dans le ms. 207 d'Orléans et cotés 98-101 dans la description de Haenel.

N° 90. Traités de Bède, d'Isidore de Séville, etc. — C'est le ms. 266 d'Orléans.

N° 92. Extraits de saint Grégoire, par Paterius. — C'est le ms. 51 d'Orléans.

---

[1] *Catalogue des livres de la bibliothèque publique fondée par M. Prousteau* (Paris et Orléans, 1777, in-4°), p. 315.

Nº 96. Fragments de manuscrits. — Le premier fragment se compose des feuillets qui formaient les pages 84-109 du ms. 122 d'Orléans et qui contiennent l'éloge de la Croix, par Raban Maur.

Pour les manuscrits dont l'énumération précède, et pour d'autres encore, j'ai donné, ou je donnerai, quand le moment sera venu, la preuve qu'ils ont tous été volés vers 1842, et les arguments dont je dispose sont aussi péremptoires que ceux qui ont été invoqués pour le Pentateuque de Lyon, et dont lord Ashburnham a lui-même reconnu la valeur, quand il s'est spontanément décidé, en 1880, à rendre à la France les cahiers de ce célèbre manuscrit achetés par son père en 1847.

Ce sont donc des vols qui ont fait passer beaucoup de manuscrits de nos bibliothèques publiques dans la collection du comte d'Ashburnham. Mais il y a plus: je puis montrer que les vols ont été commis par celui-là même qui a mystérieusement exporté ses manuscrits en Angleterre en 1847. La preuve en est facile à donner. Je raisonne toujours sur les manuscrits de Lyon, de Tours et d'Orléans, que des circonstances particulières m'ont mis à même de mieux connaître.

En 1847, Libri a vendu à lord Ashburnham les cahiers arrachés des mss. 329, 351, 372, 381 et 521 de Lyon. Il possédait ces cahiers au moins depuis la fin de l'année 1845, puisque, dès le mois de janvier 1846, il correspondait avec Panizzi pour les vendre au Musée britannique. Or, j'ai sous les yeux les notes autographes très détaillées que Libri a prises à Lyon, en 1842, sur les mêmes mss. 329, 351, 372, 381 et 521.

En 1846 et en 1847, Libri trafique de 24 manuscrits ou morceaux de manuscrits dérobés à la bibliothèque de Tours. Or, 13 de ces manuscrits ou morceaux de manuscrits, ceux auxquels il avait donné les nᵒˢ 6, 13, 14, 24, 30, 36, 73, 75, 87, 88, 106, 110 et 112, avaient été examinés par lui, en 1842, à la bibliothèque de Tours: un heureux hasard nous a conservé les notes autographes qu'il leur avait consacrées, pour compléter et corriger le catalogue de Chauveau.

De même, nous avons la preuve écrite que Libri a passé en revue, en 1842, les mss. 51, 123, 131, 207, 250 et 281 de la bibliothèque d'Orléans, manuscrits qu'il a, en tout ou en partie, essayé de vendre en 1846 et vendus en 1847.

Voilà donc, pour nous en tenir à des faits matériellement établis, voilà 24 manuscrits que Libri a vus en 1842, 24 manuscrits sur lesquels il a pris des notes plus ou moins développées et dont parfois il a calqué plusieurs lignes, pour en mieux fixer la paléographie dans sa mémoire. Ce sont généralement des manuscrits d'une haute antiquité, des monuments uniques, dont un connaisseur ne perdra jamais le souvenir quand il aura eu la bonne fortune de les examiner et de les exhumer de l'oubli, ce qui était le cas des volumes déposés, il y a quarante ans, dans les bibliothèques de Lyon, de Tours et d'Orléans.

Or, moins de quatre ans après, Libri se trouve détenteur de ces 24 manuscrits; il les met secrètement en vente et finit par les céder à un amateur étranger. Comment admettre que, dans les manuscrits possédés par lui en 1845, il n'ait pas reconnu les manuscrits dont il avait lui-même, en 1842, pris le signalement à Lyon, à Tours et à Orléans?

S'il ne s'agissait que de deux ou trois volumes, on pourrait supposer une défaillance de mémoire; mais l'explication ne saurait être admise quand on se trouve en présence de plus de vingt articles, et encore ai-je laissé de côté tous ceux pour lesquels je n'ai pas le témoignage autographe de l'accusé.

Libri n'a donc pas ignoré l'origine des 24 manuscrits que j'ai pris pour exemples; sachant bien qu'ils avaient été volés dans nos bibliothèques, il n'aurait pas dû les acquérir si des marchands étaient venus les lui proposer. Mais il ne les a pas achetés, il les a dérobés. Quel autre que lui était capable de les choisir? Quel autre aurait eu les moyens, soit d'enlever de gros volumes, soit d'arracher les feuillets susceptibles de former de petits volumes, auxquels on donnait l'apparence de manuscrits complets? Quel autre aurait pu se livrer à cette coupable industrie dans trois villes différentes, à Lyon, à Tours et à Orléans? Quel autre, pour dépister les recherches, se serait avisé de revêtir de reliures pseudo-italiennes les manuscrits dérobés dans nos bibliothèques et d'y ajouter des notes tendant à faire croire qu'ils avaient jadis appartenu à Saint-Pierre de Pérouse, à Sainte-Marie de Florence, à Saint-Zénon de Vérone, à Grotta Ferrata, etc.?

Il est donc avéré que Libri a lui-même volé les manuscrits qui donnaient le plus de relief à ses collections. Nous l'avons surpris en flagrant délit dans les bibliothèques de Lyon, de Tours et d'Orléans, et nous nous expliquons qu'il ait eu hâte de faire clandestinement passer à l'étranger le fruit de ses rapines.

VI

DÉPRÉCIATION DES FONDS LIBRI ET BARROIS RÉSULTANT DE L'ORIGINE SUSPECTE D'UNE PARTIE DE CES FONDS.

Le public est donc suffisamment édifié sur l'origine d'une partie des fonds Libri et Barrois. Il sait que beaucoup des volumes dont ils sont composés proviennent de vols, et que, pour les rendre méconnaissables, les voleurs les ont découpés par morceaux, qu'ils ont interverti l'ordre des cahiers, qu'ils ont fait disparaître les anciennes gardes et qu'ils ont commis les faux les plus grossiers.

De telles mutilations et de telles souillures ont singulièrement déprécié les manuscrits qui en ont été les victimes. Mais ce qui contribue encore plus à en amoindrir la valeur vénale, c'est la difficulté et même l'impossibilité de les vendre en France. A cet égard, je dois répéter ici ce que j'ai eu l'honneur d'écrire, en 1880, au comte d'Ashburnham, pour lui démontrer que la valeur vénale des manuscrits Libri et Barrois ne devait pas être fixée d'après les prix obtenus dans les ventes où la concurrence des amateurs et des établissements publics du monde entier peut se donner un libre cours.

« Il n'en serait pas ainsi, lui disais-je, le jour où vous exposeriez vos collections aux hasards des enchères. Quoi qu'il arrive, en effet, le

Gouvernement français déclarera hautement que, s'il ne peut faire
valoir à l'étranger son droit imprescriptible et inaliénable sur les manuscrits dérobés aux bibliothèques publiques, il se réserve de pour-
suivre la réintégration de ceux de ces manuscrits qui, à un moment
donné, rentreraient en France, comme cela vient d'arriver pour un
précieux volume acheté par un libraire français à la vente Perkins, en
1873[1].

« Les libraires et les amateurs français seront prévenus que les collections Libri et Barrois sont remplies de manuscrits d'origine suspecte, sur lesquels le Gouvernement français est résolu à faire reconnaître son droit de propriété, le jour où les manuscrits entreront en
France. Cette considération pourra même refroidir les libraires et les
amateurs anglais : ils sauront, en effet, que ni eux, ni leurs héritiers
ne doivent songer à vendre en France, même à l'amiable, les manuscrits provenus de vols qu'aucune prescription ne pourra couvrir. Les
établissements publics eux-mêmes seront fort réservés. Ils hésiteront
à recueillir des monuments, excellents par eux-mêmes, mais auxquels
les noms de Libri et de Barrois ont donné une triste célébrité.

« Les manuscrits Libri et Barrois n'ont donc, ni pour les particuliers,
ni pour les établissements publics, la valeur de manuscrits ordinaires.
Depuis qu'on sait de quelle façon ont été formées les collections Libri
et Barrois, ces collections ont été frappées de discrédit aux yeux de
tous les juges impartiaux. En les acquérant, on craindrait de passer
pour un complice des Barrois et des Libri, et d'avoir son nom associé

---

[1] Il s'agissait d'un manuscrit de Gratien, que Chardon de la Rochette, en
vertu d'une commission ministérielle, avait
choisi en 1804 à la bibliothèque de Troyes
pour être transféré à la Bibliothèque nationale. Par suite d'une négligence ou
d'une infidélité, le manuscrit n'arriva pas
à la destination que le Ministre de l'intérieur lui avait assignée; il passa en Angleterre et figura en 1873 à la vente des livres
de Henri Perkins (n° 582 du catalogue
publié par MM. Gadsden, Ellis and C°).
Un libraire français, qui l'avait acheté, le
remit en vente à Paris l'année suivante.
Ce fut alors que la Bibliothèque nationale
fit pratiquer une saisie-revendication,
que le tribunal de la Seine déclara bonne
et valable par un jugement du 22 décembre 1875. Le texte du jugement sera
reproduit à la fin de la présente brochure.

au nom de voleurs et de faussaires dont personne n'ose plus prendre la défense. »

Les administrateurs des bibliothèques publiques obéiront, eux surtout, à des considérations d'un ordre aussi élevé. Ils ne seront pas jaloux de faire entrer dans leurs dépôts des manuscrits falsifiés et des lambeaux de manuscrits dont l'arrachement a laissé des blessures toujours saignantes au cœur des plus précieux volumes des bibliothèques françaises.

Ils s'inspireront de l'exemple que les Trustees du Musée britannique ont donné en 1878, quand ils ont accepté les conditions d'un échange qui nous a permis de rétablir à leur place des feuillets arrachés depuis 1707 dans la seconde Bible de Charles le Chauve et dans plusieurs autres manuscrits de la Bibliothèque nationale. La loyauté et la cordialité des rapports qui unissent entre eux les établissements publics des pays civilisés feront partout repousser des projets d'acquisition dont la réalisation aurait pour effet de consacrer d'inqualifiables actes de piraterie et de vandalisme.

La nation qui achèterait en bloc les collections de lord Ashburnham pour les recueillir dans un dépôt largement ouvert au public, mériterait bien de la science, et accroîtrait singulièrement son renom artistique et littéraire; mais elle pourrait atteindre ce noble but, tout en ménageant à la France le moyen de réparer un grand désastre et de rétablir dans leur pureté première des monuments mutilés et déshonorés depuis bientôt un demi-siècle.

C'est ce qu'avait libéralement décidé le conseil des Trustees du Musée britannique, en déclarant, le 17 mars dernier, que les manuscrits dont la liste lui avait été soumise n'auraient pas dû sortir des bibliothèques de France et qu'il fallait laisser aux Français le moyen de les recouvrer.

Nous ne renonçons donc pas à l'espoir de rentrer un jour en possession de nos manuscrits et d'effacer une tache dans l'histoire de nos bibliothèques. Nous devons nous attacher à cet espoir alors surtout que la direction du département de l'instruction publique est confiée

4

à un ministre passionné comme **vous** **pour** les intérêts de la science et pour le développement des grands arsenaux littéraires et artistiques de la France.

Daignez agréer, Monsieur le Ministre, l'hommage de mon profond respect,

L'Administrateur général, directeur,

L. DELISLE.

OBSERVATIONS

SUR

LES TRÈS ANCIENS MANUSCRITS DU FONDS LIBRI[1].

La mise en vente d'une collection de quatre mille manuscrits est un assez gros événement littéraire pour frapper vivement l'attention de tous ceux qui, en Europe, ont souci des intérêts de la philologie, de l'histoire et de l'art. Un tel événement doit surtout vivement préoccuper l'opinion publique dans le pays qui semble appelé à en recueillir les principaux bénéfices. Nous comprenons donc le débordement d'enthousiasme avec lequel les journaux de la Grande-Bretagne ont accueilli la nouvelle que le comte d'Ashburnham proposait de vendre au Musée britannique sa célèbre collection de manuscrits. Nous comprenons aussi, et nous approuvons sans réserve, les efforts que font à l'envi les savants anglais pour persuader au Gouvernement que le sacrifice pécuniaire qui lui est demandé sera largement compensé par les avantages de tout genre qu'il assurera aux lettrés et aux artistes, et plus encore par l'honneur qui en rejaillira sur la nation.

De son côté, la France ne saurait rester indifférente aux négociations qui vont régler le sort définitif des collections d'Ashburnham-Place, et j'ai cru qu'il était de mon devoir de fixer à cet égard l'opinion publique sur certains

---

[1] Cette notice est publiée telle qu'elle a été lue le 22 février à l'Académie. Je me suis borné à ajouter en note quelques observations recueillies au Musée britannique, le 7 et le 8 mars 1883, par M. Julien Havet et par moi, conformément à la mission que M. le Ministre de l'instruction publique avait bien voulu nous confier, de vérifier l'origine d'une partie des collections Libri et Barrois. L'accomplissement de cette tâche nous a été facilité par la collaboration de M. Paul Meyer, qui, malgré l'état de sa santé, avait tenu à nous accompagner. C'est ici l'occasion de rendre publiquement hommage à la loyauté et à la courtoisie avec lesquelles cette délicate affaire a été traitée par M. Bond, bibliothécaire en chef du Musée britannique, et par M. Thompson, conservateur du département des manuscrits.

points qui sont encore insuffisamment connus. Comme il s'agit uniquement
de questions de bibliographie et d'érudition, je n'ai pas hésité à en entretenir
l'Académie.

La bibliothèque de lord Ashburnham comprend quatre collections de manuscrits : la collection Libri, la collection Barrois, la collection Stowe ou
Buckingham, et une collection de manuscrits recueillis soit isolément, soit
par petits groupes, et connue sous le nom d'*Appendix*.

Le dernier comte d'Ashburnham a fait imprimer en trois volumes in-4.°
les catalogues du fonds Libri, du fonds Barrois et de l'Appendice. Pour le
fonds Stowe, nous avons d'abord le catalogue rédigé par Charles O'Connor
et publié en deux volumes in-4° (1818 et 1819), puis un catalogue imprimé
en vue de la vente qui devait avoir lieu au mois de juin 1849.

La substance de ces différents catalogues est passée dans un petit volume
in-folio qui fait partie des documents distribués, en 1881, au Parlement
anglais.

C'est uniquement par ces catalogues[1], par quelques notes de M. Paul
Meyer et par un rapport du docteur Karl Zangemeister à l'Académie de
Vienne[2], que je connais les manuscrits d'Ashburnham-Place. Je n'ai jamais
vu les manuscrits eux-mêmes, et, comme les catalogues sont parfois d'un
laconisme désespérant, je pourrai commettre quelques inexactitudes, pour
lesquelles je réclame l'indulgence, mais qui, je l'espère, n'auront point de
gravité et ne compromettront pas l'ensemble de la thèse que je crois devoir
établir.

Le fonds Libri et le fonds Barrois, dont les éléments ont été, pour la
meilleure partie, rassemblés à Paris, et dans lesquels nous trouvons en grande
quantité des volumes exécutés en France et composés de documents relatifs
à l'histoire, à la littérature et à l'art national, ont pour nous un intérêt tout
particulier. Je ne parlerai donc que des manuscrits compris dans ces deux
fonds. Pour le moment, je laisserai même à peu près de côté la collection
Barrois. On n'a peut-être pas oublié un mémoire que j'ai publié en 1866[3],

---

[1] Voyez plus haut, p. 2 et 3.

[2] *Bericht über die im Auftrage der Kirchen-väter-Commission unternommene Durchforschung der Bibliotheken Englands.* Wien, 1877, in-8° de 102 pages. (*Sitzungsberichte der phil. hist.*

Classe der kais. Akademie der Wissenschaften, LXXXIV, 485-584.)

[3] *Bibliothèque de l'École des chartes,* 6° série, t. II, p. 193-264. Ce mémoire est reproduit ci-après.

dans lequel j'ai démontré, par des preuves dont personne n'a essayé de con-
tester la solidité, qu'une soixantaine au moins des manuscrits cédés en 1849
par Barrois étaient le fruit de vols audacieusement commis à la Bibliothèque
nationale, entre les années 1840 et 1848. Malgré les supercheries de tout
genre employées par les voleurs, l'identité des manuscrits volés chez nous et
des manuscrits vendus par Barrois a été établie avec une telle évidence
que le comte d'Ashburnham l'a reconnue lui-même. J'en ai pour preuve
non seulement la correspondance et les conversations du noble lord avec
quelques amis, mais encore un fait que le marquis de Queux de Saint-Hilaire nous a récemment révélé dans la préface du second volume de son
édition des *Poésies d'Eustache des Champs.*

En 1866, j'avais affirmé que les n°ˢ 494, 498 et 523 du fonds Barrois
étaient des lambeaux du manuscrit qui avait porté à la Bibliothèque nationale le n° 275 du fonds de Saint-Victor. Or, quand M. le marquis de Queux
de Saint-Hilaire fut introduit dans la bibliothèque d'Ashburnham-Place, il
trouva les mss. 494, 498 et 523 du fonds Barrois rattachés ensemble
par un ruban, comme si l'on avait eu la pensée de réparer l'acte de vandalisme commis par le voleur qui avait dérobé à la France le n° 275 de Saint-
Victor.

L'origine frauduleuse d'un grand nombre de manuscrits Barrois est donc
un fait acquis, sur lequel ont passé condamnation ceux-là mêmes qui ont
profité d'un acte aussi odieux.

Pour le fonds Libri, la question est beaucoup moins avancée. Les fraudes
y sont plus difficiles à constater, et cela par deux raisons. L'une, c'est que
l'auteur des fraudes était un homme d'une habileté consommée, dont beaucoup de méfaits n'auraient jamais été reconnus, si le hasard n'eût pas fait
revivre des témoins dont l'existence n'avait pas été soupçonnée jusque dans
ces derniers temps. L'autre, c'est que le catalogue du fonds Libri ne se compose guère que de notes informes.

Malgré ce désavantage, je ne crains pas d'affirmer que le fonds Libri est
aussi impur que le fonds Barrois. Je sais que des légendes commencent à se
faire autour du nom de Libri, et qu'on est trop porté à rejeter sur lui la
responsabilité de tous les brigandages commis dans nos dépôts publics. Ces
brigandages ont été, hélas! assez considérables pour que plus d'un malfaiteur
ait à sa charge beaucoup de vols et de falsifications. Laissons au temps le

soin de faire la part de chacun des principaux criminels dont la coupable industrie occupe une si large place dans l'histoire des bibliothèques et des archives au xix° siècle. Il ne peut s'agir aujourd'hui que du compte de Libri. Encore ne m'appartient-il pas de revenir ici sur le fond même de l'affaire. A cet égard, tout homme impartial sait à quoi s'en tenir : après les consciencieuses recherches de MM. Lalanne et Bordier, et après le lumineux rapport du président Bonjean au Sénat en 1861, il serait superflu de revenir sur un procès définitivement jugé, que l'histoire n'aura pas à reviser.

Le seul point que j'aie à traiter aujourd'hui, c'est de montrer par d'assez nombreux et décisifs exemples qu'il est encore possible de retrouver la véritable origine de beaucoup d'articles volés qui figurent dans le fonds Libri à Ashburnham-Place. Je ne m'attaquerai ni aux séries de lettres autographes, pour lesquelles le travail est rendu si aisé par le Dictionnaire de MM. Lalanne et Bordier, ni à ces manuscrits d'ordre secondaire qui, dans une collection de plus de deux mille volumes, comptent surtout pour le nombre. Je vais droit aux pièces de résistance, à celles que Libri a mises en tête de son catalogue, à celles que vise en première ligne un correspondant du *Times*, qui est à coup sûr un bibliographe très distingué et qui connaît à merveille les richesses d'Ashburnham-Place. Je traduis littéralement le premier paragraphe du compte rendu de la brillante revue à laquelle on a fait assister les lecteurs du *Times*, pour les convaincre que l'Angleterre n'aura pas à regretter les 4 millions demandés par le comte d'Ashburnham :

« Parmi les plus anciens manuscrits de la bibliothèque, celui dont la réputation est la mieux établie est le Pentateuque de la collection Libri. Remontant au moins au vii° siècle, il est un des rares volumes qui nous sont parvenus pour montrer ce que le pinceau d'un artiste pouvait produire à cette époque reculée. Exécuté probablement en Italie, il contient une vingtaine de grands tableaux de la plus haute importance pour l'histoire de la peinture et du costume. Cependant les paléographes doivent préférer au Pentateuque des manuscrits latins encore plus anciens, dont il n'y a pas peu d'exemples dans la collection. Tel est un morceau de Psautier, auquel on peut assigner pour date le iv° siècle, et qui, selon toute apparence, soutiendrait la comparaison avec les plus vieux manuscrits qu'on pourrait citer, même au Vatican. »

Ainsi parle le correspondant du *Times*[1].

Essayons maintenant d'esquisser l'histoire de ce fameux Pentateuque, de ce vénérable morceau de Psautier, et de ces autres volumes, plus vieux encore que le Pentateuque, dont la collection Libri ne fournit pas peu d'exemples.

Je commence par le Pentateuque, dont la célébrité va s'accroître, grâce à la reproduction phototypique qui se prépare en ce moment même par les soins de M. Oscar von Gebhart[2].

Il y avait jadis à la cathédrale de Tours un très vieux Pentateuque orné de peintures, qu'un catalogue imprimé en 1706 désigne en ces termes : « Pentateuchus vetustissimus, in folio, cum quibusdam figuris antiquissimis ; in eo desunt aliqua præ vetustate. Codex enim iste scriptus est ante annos 1100[3]. » Les auteurs du *Nouveau traité de diplomatique*[4] ont cité ce manuscrit, qu'ils rapportaient au VIIe ou au VIIIe siècle ; nous savons, par leur témoignage, qu'il était écrit à deux colonnes sur du vélin très mince.

Au moment de la Révolution, le Pentateuque de Saint-Gatien échut à la bibliothèque de Tours. Il y a été vu, dans le cours du XIXe siècle, d'abord par M. le comte de Bastard, qui a bien voulu me l'attester l'an dernier, puis au mois de mai 1840 par notre savant confrère, M. Ravaisson, qui le signalait expressément dans un rapport adressé à M. Cousin, alors ministre de l'instruction publique : « Une bible du VIIIe siècle, de format grand in-folio, ornée de figures[5]. » Libri le remarqua dans un premier voyage qu'il fit à Tours, au mois de janvier 1842. Un article qu'il inséra, le même mois, au *Journal des savants*[6], contient cette déclaration : « A Tours nous avons remarqué plusieurs manuscrits en lettres onciales, dont un, écrit en lettres d'or, servait aux anciens rois de France quand ils prêtaient serment dans l'église de Saint-Martin ; un autre, également en onciales, est orné de minia-

---

[1] Numéro du 12 février 1883.

[2] La publication de M. Oscar von Gebhart est parue au moment même où s'imprimaient mes Observations. Elle forme un volume in-folio de 24 pages et de 20 planches, intitulé : *The miniatures of the Ashburnham Pentateuch* (London, Asher and C°, 1883). Avant d'avoir pris connaissance de mes observations, M. Oscar von Gebhart avait parfaitement constaté que le Pentateuque de lord Ashburnham venait bien de Saint-Gatien de Tours et que la note μον. κρυπτοφέρρ. inscrite sur le fol. 116 v° était l'œuvre d'un faussaire (*a forgery*).

[3] *Bibliotheca sanctæ ac metropolitanæ ecclesiæ Turonensis*, p. 2, n° 4.

[4] T. III, p. 40.

[5] *Rapports sur les bibliothèques de l'Ouest*, p. 13.

[6] Année 1842, p. 54. — Le passage que je vais citer est à la page 51 du tirage à part.

tures qui paraissent du vii° siècle. » Le premier de ces manuscrits porte aujourd'hui le n° 22 à la bibliothèque de Tours; le second ne pouvait être que le Pentateuque. La bibliothèque de Tours était alors administrée par M. Chauveau, si peu expert en paléographie, que, dans un article publié en 1838, quelques lignes après avoir déploré la perte du Pentateuque, il se fait gloire de pouvoir montrer un manuscrit comprenant un morceau de l'Ancien Testament et antérieur au vii° siècle, « à en juger, dit-il, par les caractères de l'écriture et surtout par les peintures singulières dont il est orné[1] ». Le brave bibliothécaire n'avait pas reconnu que ce morceau de l'Ancien Testament n'était autre que le Pentateuque. Il n'était sans doute pas mieux éclairé quand il adressait au ministère, en 1840, un catalogue dans lequel il avait ainsi enregistré le Pentateuque : «Bibliæ sacræ pars. Parchemin, n° 45, viii° siècle. Un volume in-folio, orné de peintures, endommagé. » Libri avait ce catalogue entre les mains quand il revint à Tours, à l'automne de 1842. Dans ce second voyage, il examina de nouveau le Pentateuque. Ce qui le prouve, c'est que, sur l'exemplaire du catalogue de Chauveau, que M. Danton, chef du cabinet du ministre, lui avait remis le 12 septembre 1842, il a corrigé de sa propre main la date que le bibliothécaire avait assignée au manuscrit : au chiffre VIII il a substitué les chiffres VI et VII. Il est donc certain que Libri a vu le Pentateuque, en 1842, à la bibliothèque de Tours. D'autre part, il est constant que le Pentateuque avait disparu de cet établissement quand M. Luzarche entreprenait, vers l'année 1850, la publication du catalogue des manuscrits de la ville de Tours. Entre ces deux dates, que s'était-il passé?

Au mois de mars ou d'avril 1847, Libri vendait au comte d'Ashburnham un Pentateuque dont il vantait ainsi les mérites :

«Manuscrit sur vélin, en lettres onciales, à deux colonnes, grand in-folio, du v° siècle.

«Ce manuscrit unique et d'un prix inestimable contient un très grand nombre de grandes miniatures représentant les divers sujets de la Bible, et exécutées évidemment par des artistes romains. Ces peintures, beaucoup mieux conservées et plus nombreuses que celles que l'on trouve dans les fragments du Virgile du Vatican, rappellent les peintures de Pompéi, et

---

[1] *Bulletin monumental*, t. IV, p. 361.

sont aussi intéressantes pour l'histoire des costumes que pour celle des arts. Nous ne croyons pas qu'il existe dans aucune bibliothèque un manuscrit plus précieux que celui-ci. La plupart de ces peintures ont 11 pouces français de hauteur sur 9 de large. Elles sont évidemment de la même époque que l'écriture du manuscrit, comme le prouvent, entre autres choses, les nombreuses inscriptions, également en lettres onciales, placées dans ces peintures. Les artistes et les archéologues qui ont examiné ce manuscrit le considèrent comme un manuscrit unique dans son genre. Il appartenait autrefois au couvent de Grotta Ferrata, abbaye très ancienne, située dans les montagnes de Rome et habitée par des moines grecs de l'ordre de Saint-Basile. »

Ce Pentateuque est celui de Saint-Gatien de Tours. L'attribution du manuscrit à l'abbaye de Grotta Ferrata est une de ces supercheries que le docteur Zangemeister a résolument mises à la charge de Libri, et que l'ancien comte d'Ashburnham reconnaissait loyalement quand il m'écrivait le 16 juin 1869 : « Différents manuscrits de la collection Libri contiennent ce que j'ai longtemps soupçonné et que vous avez démontré être des tentatives frauduleuses pour cacher la véritable origine de livres qui avaient été perdus ou volés. »

Il y a, du reste, un moyen de vérifier si ma conjecture est fondée. Sur l'une des premières pages du Pentateuque de Libri, les mots CREAVIT DEUS CAELVM ET TERRAM doivent se trouver en lettres capitales tracées au vermillon. Qu'on veuille bien calquer ces mots et superposer le calque au dessin des mêmes mots tirés du Pentateuque de Saint-Gatien qui se trouve sur la planche XXXIV du *Nouveau traité de diplomatique*. La coïncidence du calque avec la gravure des bénédictins sera la preuve mathématique de la thèse que je soutiens[1].

Voilà pour le Pentateuque[2]. Prenons maintenant à partie ce morceau de Psautier que le correspondant du *Times* cite comme une des merveilles de la collection d'Ashburnham-Place. Je ne connais ce Psautier que par une

---

[1] Toutes les particularités propres au Pentateuque de Saint-Gatien de Tours se trouvent dans le ms. 13 de Libri. Constatation faite, le 7 mars 1883, par M. Julien Havet et par moi au Musée britannique. Voyez aussi la publication de M. Oscar von Gebhart.

[2] De l'histoire que je viens de raconter, on peut rapprocher une légende que Libri aurait voulu accréditer pour expliquer la présence du Pentateuque dans sa bibliothèque. Cette légende a été rapportée par M. Paul Lacroix, dans ses *Lettres à M. Hatton*, p. 16 et 17.

note très concise du catalogue du fonds Libri : « 5. Liber psalmorum, manuscrit sur vélin, en lettres onciales, en rouge et en noir, à lignes inégales, in-folio, carré, du v° siècle. Voyez le fac-similé n° 5. » Le renseignement est assez vague. Il suffira cependant, je l'espère, pour nous amener à conclure que ce fameux Psautier se compose de quelques cahiers arrachés à un manuscrit de la ville de Lyon. Il y avait longtemps que j'étais préoccupé du renvoi que le catalogue imprimé des manuscrits de Libri fait à un recueil de fac-similés qui ne paraît pas avoir jamais vu le jour. La semaine dernière, en examinant de nouveau les papiers de Libri, qui, du greffe du tribunal de la Seine, sont passés à la Bibliothèque nationale, et dont nous devons le classement à M. Robert, je remarquai deux feuilles de papier végétal, sur lesquelles une main exercée a tracé le calque de quelques lignes empruntées à douze anciens manuscrits [1]. Je m'empressai de rapprocher ces calques du catalogue imprimé des manuscrits de Libri, et je reconnus sans peine que j'avais sous les yeux le fac-similé des douze premiers numéros du fonds Libri. Le fac-similé n° 5 nous offre, disposés sur deux lignes, les mots :

TUUM

ET RESPONDEBO.

La vue de ces trois mots, tirés du Psautier n° 5 de Libri, me remit en mémoire le Psautier de Lyon, sur lequel j'ai eu l'honneur de lire une notice à l'Académie le 9 août 1879 [2]. Pour moi, le fragment de Psautier vendu par Libri à lord Ashburnham a été arraché au manuscrit de Lyon. L'Académie décidera si je me fais illusion. Je mets sous les yeux de mes confrères le fac-similé héliographique de deux pages du manuscrit de Lyon, et le fac-similé de trois mots du manuscrit de Libri. L'identité des deux écritures me semble indiscutable. La démonstration deviendra encore plus complète si, comme je n'en doute pas, le fragment de Psautier de Libri ne contient que des psaumes ou des portions de psaumes manquant aujourd'hui dans le Psautier de Lyon. A cet égard, les trois mots du fac-similé *tuum et respondebo* fournissent un préjugé favorable ; ils appartiennent en effet au psaume CXVIII (versets 41 et 42), psaume qui fait absolument défaut dans ce que la ville de Lyon a conservé du manuscrit catalogué par Delandine, sous le n° 351.

---

[1] Ms. français 3279 des Nouv. acq., fol. 87 et 88. — [2] Cette notice a été publiée dans mes *Mélanges de paléographie et de bibliographie*, p. 11-35.

Ainsi, jusqu'à la preuve du contraire[1], je considérerai comme un fragment du ms. 351 de Lyon le Psautier de Libri que le correspondant du *Times* fait remonter au IV° siècle, et qui lui a paru pouvoir soutenir la comparaison avec les plus vieux manuscrits, même avec ceux du Vatican. Je n'aurais pas osé assigner une antiquité aussi reculée à un livre dont le texte me semble postérieur à la seconde revision de saint Jérôme, celle qui est connue sous le titre de *Psalterium Gallicanum*. Mais cela est en dehors de la question. Le seul point à retenir, c'est que le Psautier de Libri en lettres onciales est un lambeau arraché à un manuscrit de Lyon.

Voyons à présent quels sont les autres très anciens manuscrits auxquels fait allusion le correspondant du *Times*, manuscrits qui, suivant lui, ne sont pas en petit nombre dans la bibliothèque de lord Ashburnham et auxquels les paléographes doivent attacher encore plus d'importance qu'au Pentateuque. Il s'agit évidemment des manuscrits en lettres onciales ou en caractères barbares que Libri rapportait au V°, VI°, VII° ou VIII° siècle, et qu'il avait groupés avec le Pentateuque et le Psautier, pour former un corps d'élite sous les n°ˢ 1-14, en tête de sa collection. Je vais les examiner en suivant simplement l'ordre des numéros.

Le premier est un exemplaire de l'ouvrage de saint Hilaire sur la Trinité, en lettres onciales. Je crois que l'histoire en est assez facile à retracer.

Les bénédictins de la Congrégation de Saint-Maur, dans le classement des manuscrits qu'ils ont employés pour établir le texte du traité de saint Hilaire sur la Trinité, ont donné la préférence à trois exemplaires, qu'ils placent à peu près sur la même ligne et qu'ils proposent d'attribuer tous les trois au VI° siècle : l'un conservé à Saint-Pierre de Rome, un autre dans la bibliothèque de Colbert (aujourd'hui n° 2630 du fonds latin à la Bibliothèque nationale), et le troisième à Saint-Martin de Tours. Ils désignent celui-ci dans les termes suivants : «Martinianum, scilicet insignis ecclesiæ Sancti Martini Turonensis, superiori (Colbertino) supparem, ne dicam antiquiorem. Hic codex sex tantum posteriores libros, eosque non semper integros, complectitur[2].» Tout cela est parfaitement d'accord avec ce que nous ap-

---

[1] Le 7 mars 1883, M. Julien Havet et moi nous avons constaté que toutes mes hypothèses sur le Psautier n° 5 du fonds Libri étaient parfaitement fondées. Ce ms. n° 5 contient le texte des psaumes CXI-CXXXIX, avec quelques lacunes.

[2] *Sancti Hilarii Pictavorum episcopi opera* (Paris, 1693, in-folio), col. 1401.

prend du ms. 23 de Saint-Martin de Tours le catalogue publié par Montfaucon [1] en 1739: « Sancti Hilarii de Trinitate Codex venerandæ antiquitatis, sed mutilus ; incipit a libro sexto, annorum 1100. »

Les auteurs du *Nouveau traité de diplomatique* assignaient la même date au Saint-Hilaire de Saint-Martin de Tours, dont ils ont eu l'occasion de parler à deux reprises. « On ne peut, disent-ils [2], donner à ce beau manuscrit moins de onze cents ans d'antiquité. » Dans un autre passage [3], ils donnent des détails fort précis : « Les points, les virgules, les traits et autres figures qu'on trouve dans le beau manuscrit de saint Hilaire de l'église Saint-Martin de Tours ne sont ni de la même encre, ni de la même main qui l'a transcrit. Les titres des livres se trouvent ordinairement au haut de chaque page. Les corrections sont encore d'une main, d'une encre et d'un caractère différents de ceux du texte. On écrit toujours *ae* pour *æ*, et d'ailleurs l'orthographe est vicieuse. Le texte est renfermé dans une seule colonne. On donne plus de mille ans à ce manuscrit dans le catalogue de la bibliothèque de Saint-Martin de Tours. Bien loin d'en vouloir rabattre, nous le croyons au moins du viie siècle. »

Dans un de ses voyages à Tours, Bréquigny remarqua le Saint-Hilaire de la collégiale de Saint-Martin. « C'est, dit-il, un gros in-quarto, en lettres onciales, assez bien conservé, sans aucun ornement d'ailleurs [4]. »

Ce précieux volume traversa sans accident les orages de la Révolution. Chalmel le cite en 1807, avec tout le respect que devait inspirer un pareil monument. « Ce manuscrit, dit-il [5], a d'abord passé pour être autographe, ce qui l'aurait fait remonter au ive siècle; mais on a reconnu qu'il n'était que du viie siècle, c'est-à-dire de 600 à 650. Il n'en est pas moins un monument très précieux, et dom Coustant s'en est utilement servi pour son édition des œuvres de saint Hilaire. Il est écrit en capitale romaine rustique. En général, les mots n'y sont point séparés, et quand ils le sont on ne les distingue que par des espaces blancs qui tiennent lieu de points. Il s'y en trouve cependant quelques-uns qui ont la forme de notre virgule; mais ils sont visiblement d'une autre main et d'une autre encre que le corps de l'ouvrage, qui est écrit à longues lignes. Les titres se trouvent au haut des pages. On y

---

[1] *Bibliotheca biblioth.*. t. II, p. 1336.

[2] T. III, p. 40.

[3] T. III, p. 170.

[4] Papiers de Bréquigny, volume XXXV, fol. 134 v°.

[5] Ms. 1296 de la bibliothèque de Tours.

remarque aussi quelques corrections d'une autre main, et peut-être de celle de dom Coustant. »

En 1826, Haenel vit le Saint-Hilaire de Saint-Martin. Au nombre des manuscrits que le bibliothécaire de Tours lui permit d'examiner, il mentionne [1] : « Sanctus Hilarius, literis uncialibus et semiuncialibus exaratus, sæculi VII, membranaceus, in quarto (provient de Saint-Martin). » Seize ans plus tard, il n'avait pas encore oublié l'impression qu'il avait ressentie en voyant ce manuscrit. Ayant à rapporter dans une discussion paléographique ce que Nieburh avait dit du Saint-Hilaire conservé dans la sacristie de Saint-Pierre de Rome, il ajoute en note [2] : « Ejusdem ætatis est alter codex sancti Hilarii, quem vidi in bibliotheca Turonensi. »

Le manuscrit de saint Hilaire en lettres onciales était donc à la bibliothèque de Tours en 1826. Il en avait disparu dès l'administration de M. Luzarche. Ce doit être celui que Libri a vendu à lord Ashburnham et qu'il annonce en ces termes sur son catalogue : « Sanctus Hilarius episcopus, de Trinitate, manuscrit sur vélin en lettres onciales, à longues lignes, in-folio, carré, du VIe siècle. »

Pour s'en assurer, on n'aura qu'à ouvrir ce manuscrit et à vérifier comment s'y trouve disposé un passage de six lignes dont les bénédictins ont publié le fac-similé : NON SVM NESCIVS, etc. Si dans le manuscrit de Libri ce passage est coupé et ponctué comme dans le fac-similé des bénédictins, si à la ligne 3 le mot HAERESIM s'y présente avec un *a* minuscule ajouté entre les onciales H et E; si enfin, à la sixième ligne, le mot AECLESIIS s'y rencontre avec un seul c et avec l'A initial exponctué, il sera matériellement établi que ce volume est le manuscrit dérobé à la bibliothèque de Tours [3]. Ajoutons que le manuscrit de Tours, suivant un témoignage recueilli par Bréquigny [4], mesurait 10 pouces et demi de haut et 8 pouces et demi de large. On devra retrouver ces dimensions au manuscrit de Libri [5], si le relieur n'en a pas rogné les marges.

Le n° 2 de Libri nous est bien connu par une notice de Zangemeister. Il

---

[1] *Catalogi*, col. 482.

[2] *Codex Theodosianus*, p. 2, note 10.

[3] Toutes ces particularités se voient sur la première page du Saint-Hilaire ms. 1 du fonds Libri. Constatation faite, le 7 mars 1883, au Musée britannique par M. Julien Havet et par moi.

[4] Papiers de Bréquigny, vol. XXXIV, fol. 27.

[5] Telles sont en effet les dimensions du ms. 1 de Libri.

consiste en dix-neuf feuillets de parchemin et contient quelques opuscules de saint Jérôme, transcrits en lettres onciales du vi⁰ siècle. A la fin se lit la note : *Est Sancti Petri de Perusio*, dont la fausseté est attestée par Zangemeister. Or, il faut se rappeler qu'une note identique avait été mise à la fin des cahiers volés au Pentateuque de Lyon pour former un des manuscrits auxquels le comte d'Ashburnham attachait le plus grand prix. A mon sens, la note *Est Sancti Petri de Perusio* suffit pour autoriser à affirmer que le n⁰ 2 est un manuscrit volé. Je suis porté à croire que c'est un morceau arraché au ms. 519 de Lyon[1] et qu'il y comblerait une lacune entre les feuillets actuellement cotés 94 et 95.

Pour le n⁰ 3 de Libri, je suis réduit à une note insignifiante du catalogue imprimé : « Tractatus psalmorum. Manuscrit sur vélin, en lettres onciales, à deux colonnes, in-folio, du v⁰ ou du vi⁰ siècle. Voyez le fac-similé n⁰ 3. » Le fac-similé retrouvé dans les papiers de Libri ne porte que sur quatre mots : INCIPIT TRACTATUS... INSTITUTIONIS CONSE... L'aspect de ce fac-similé offre assez d'analogie avec le ms. 381 de Lyon, qui contient l'Exposition de saint Hilaire sur les psaumes. Il ne serait pas étonnant que les cahiers dont est formé le n⁰ 3 du fonds Libri pussent s'intercaler exactement dans le ms. 381 de Lyon, qui présente plusieurs lacunes[2].

Les observations qu'on peut faire sur le n⁰ 4 du fonds Libri amènent à penser que les quarante-deux feuillets dont il se compose ont été arrachés au ms. 521 de Lyon. C'est à M. Caillemer, doyen de la Faculté de droit de Lyon, que nous devons ce résultat, auquel il a été conduit en comparant le

---

[1] J'avais eu raison de supposer que les dix-neuf feuillets du ms. 2 de Libri avaient été arrachés dans un manuscrit de Lyon; seulement ces dix-neuf feuillets appartiennent, non pas au ms. 519, mais au ms. 517, dont la description sera donnée un peu plus loin. Les preuves de cette origine surabondent :

1° L'écriture du ms. 2 de Libri est identique à celle du ms. 517 de Lyon.

2° Les dimensions des deux manuscrits sont semblables : environ 225 millimètres sur 165.

3° Dans l'un et dans l'autre, il y a 15 lignes à la page.

4° Les dix-neuf feuillets du ms. 517 de Libri comblent exactement une lacune qui existe entre les folios 52 et 53 du manuscrit de Lyon. Il manque à celui-ci le dernier feuillet du cahier VII, le cahier VIII, le cahier IX et les deux premiers feuillets du cahier X. Or, nous avons dans le ms. 2 de Libri le dernier feuillet du cahier VII, le cahier VIII, le cahier IX et les deux premiers feuillets du cahier X.

[2] M. Havet et moi nous nous sommes assurés que les quinze feuillets du ms. 3 de Libri comblent exactement la lacune que j'avais signalée en 1880 entre les folios 117 v⁰ et 118 du ms. 381 de Lyon. Voyez *Notices et extraits des manuscrits*, t. XXIX, 2⁰ partie, p. 365.

ms. 521 de Lyon avec la notice consacrée par le docteur Zangemeister au ms. 4 de Libri. Il a constaté que les feuillets du n° 4 de Libri comblent la lacune qui existe aujourd'hui dans le ms. 521 de Lyon entre les feuillets 33 et 34. Le raccord se fait avec la plus rigoureuse exactitude : en effet, dans le manuscrit de Lyon, après le feuillet 33, il manque le dernier feuillet d'un cahier; or, le ms. 4 de Libri commence par un dernier feuillet de cahier. De plus, sur le feuillet 33 du manuscrit de Lyon se termine une homélie de saint Augustin intitulée : *Incipit de symbolo sancti Agustini;* et le premier feuillet du ms. 4 de Libri commence par une autre homélie de saint Augustin qui a pour rubrique : *Incipit alia ejusdem de symbolo.* A l'appui de l'hypothèse de M. Caillemer, je ferai observer que l'écriture du ms. 4 de Libri me paraît identique avec l'écriture du ms. 521 de Lyon ; on en peut juger en rapprochant deux fac-similés que je mets sous les yeux de l'Académie : le premier porte sur une ligne du ms. 4 de Libri, le second sur une page à peu près entière du ms. 521 de Lyon [1]. Il convient encore de faire remarquer une particularité qui, à elle seule, rend très suspecte l'origine du ms. 4 de Libri : on y lit sur la dernière page la note *Est S. Johannis in Valle,* dans laquelle Zangemeister a reconnu une supercherie de Libri.

Je n'ai plus à parler du n° 5 du fonds Libri. C'est le Psautier dont il a été question un peu plus haut, et qui est un débris du ms. 351 de Lyon.

Avec le n° 6 du même fonds nous revenons à Tours. C'est, en effet, à la bibliothèque de Tours qu'a dû être volé le texte des Prophètes, ainsi mentionné dans le catalogue de Libri : « Corpus prophetarum, manuscrit sur vélin, en lettres onciales, à deux colonnes, in-folio, du v° ou du vi° siècle. »

Voici l'histoire de ce manuscrit telle que je la comprends.

En 1754, dom Gérou signalait dans la bibliothèque de Marmoutier, sous le n° 90, un volume in-folio, qu'il considérait comme de la plus haute antiquité, et dans lequel se trouvait, avec quelques lacunes, le texte d'Isaïe, de Jérémie, d'Ézéchiel et de Daniel. « Ce manuscrit, dit-il [2], de format in-folio minori, est de la plus haute antiquité. Il est au plus tard du ix° siècle; il contient les prophéties d'Isaïe, de Jérémie, d'Ézéchiel, avec le commencement

---

[1] L'examen que M. Havet et moi nous avons fait au Musée britannique, le 7 mars 1883, du ms. 4 de Libri a démontré que toutes les hypothèses de M. Caillemer étaient rigoureusement exactes.

[2] Ms. 1478 de la bibliothèque de Tours.

du premier chapitre de la prophétie de Daniel. On a de la prophétie d'Isaïe depuis le vingt-huitième chapitre jusqu'à la fin. Le dernier chapitre de la prophétie d'Ézéchiel manque avec la moitié du chapitre précédent. La prophétie de Jérémie y est en entier. »

Chalmel vit ce manuscrit à la bibliothèque de Tours, et dans les notes qu'il a écrites en 1807[1], il a pris soin de faire remarquer que le dernier feuillet d'Ézéchiel y finissait par les mots *in ripis ejus* (XLVII, 12).

Chauveau, qui l'avait fait admirer en 1838 aux membres du Congrès archéologique, l'enregistra sur son catalogue, où il est facile à reconnaître dans l'article suivant : « Prophetiæ Isaiæ, Ezechielis et Jeremiæ. Parchemin, n° 90, VIIe siècle. Volume in-folio. Marmoutier. »

Ce vénérable manuscrit frappa, en 1842, l'attention de Libri, qui, en regard de la note de Chauveau, mit ces mots : « Et partim Danielis, VIe siècle. Folio. »

Après le passage de Libri, l'ancien texte des prophètes disparaît de Tours. C'est lui, je n'en doute pas, qui est passé en 1847, sous le n° 6, dans la collection d'Ashburnham-Place. Si l'on examine attentivement ce manuscrit n° 6, en tenant compte des altérations frauduleuses auxquelles il a pu être soumis, on y trouvera, j'en suis persuadé, toutes les particularités que dom Gérou et Chalmel avaient observées dans le ms. 90 de Marmoutier.

On y remarquera encore, sans aucun doute, chacun des traits que les auteurs du *Nouveau traité de diplomatique* ont relevés dans leur description d'un manuscrit de l'Ancien Testament de l'abbaye de Marmoutier. « Il est, disent-ils[2], en lettres onciales et ne commence qu'au chapitre XXVII d'Isaïe. Le V initial de la prophétie de Jérémie est en or et *erba* en vermillon... Sur la dernière page des cahiers, qui sont de quatre feuillets, il y a des signatures en nombres romains, précédés de la lettre Q, qui signifie *quaternio;* elles sont placées tantôt au-dessous de la première colonne et tantôt sous la seconde. » Et ailleurs[3] : « Ce livre est écrit en lettres onciales, à gros trait, un peu écrasées, avec lesquelles concourt l'écriture minuscule caroline commençante. Les mots y sont ordinairement confondus. Il y a plus de trois cents pages où l'on n'aperçoit presque nulle ponctuation. Les premières lettres des livres sont capitales. Celles des alinéas qui commencent les versets

---

[1] Ms. 1296 de la bibliothèque de Tours. — [2] T. III, p. 176. — [3] T. III, p. 251.

sont onciales et deux fois plus grandes que celles du texte, qui n'est point divisé par chapitres. Il n'y a que les Lamentations de Jérémie et la Prophétie de Daniel qui aient des titres; mais ils sont d'une autre main... Ce manuscrit, à deux colonnes, réunit tous les caractères du VIIe siècle. » Ajoutons encore, d'après le fac-similé des bénédictins [1], que les premières lignes de Jérémie doivent être ainsi coupées :

> VERBA HIEREMIAE
> FILI HELCHIAE·DE SA
> CERDOTIBVS QVI FVE
> RVNT IN ANATHOT
> IN TERRA BENIAMIN

En voilà plus qu'il n'en faut pour vérifier si, comme je l'annonce, le ms. 6 de Libri répond bien à l'ancien n° 90 de Marmoutier [2].

Le n° 7 du fonds Libri est aujourd'hui vacant. C'était la place de cette copie du Lévitique et des Nombres, que j'ai démontré, en 1878, avoir été volée dans le Pentateuque de Lyon, et que le comte d'Ashburnham, vaincu par l'évidence des faits, a restituée en 1880 à la ville de Lyon.

Nous sommes très mal renseignés sur le n° 8 de Libri. Tout ce que nous en savons jusqu'à présent, c'est qu'il est relatif à l'Ancien Testament et qu'il est écrit à longues lignes, partie en caractères onciaux, partie en caractères mérovingiens du VIIIe siècle. C'est trop peu pour qu'il soit prudent d'émettre une conjecture [3].

Mais, pour le n° 9, je puis affirmer que c'est le produit d'un vol commis dans la bibliothèque d'Orléans. Le catalogue de Libri annonce simplement des sermons de saint Augustin, en lettres onciales, à longues lignes, avec de

---

[1] Planche XLIV.

[2] Le 7 mars 1883, M. Julien Havet et moi nous avons trouvé dans le ms. 6 de Libri toutes les particularités que les auteurs du *Nouveau traité de diplomatique*, dom Géroù, Chalmel et Libri lui-même avaient signalées dans le ms. 90 de Marmoutier.

[3] L'examen que M. Julien Havet et moi avons fait, le 7 mars 1883, des quarante-trois feuillets dont se compose le ms. 8 de Libri nous y a fait reconnaître un fragment de la compilation d'Eugyppius. Je suis en mesure de démontrer que ces quarante-trois feuillets ont fait partie d'un manuscrit de Saint-Martin de Tours, lequel figure en ces termes sur un catalogue du XVIIIe siècle : « Excerpta ex operibus sancti Augustini. 11 pouces et demi sur 7 pouces et demi. De plusieurs mains. VIIIe siècle. De diverses écritures, savoir : demi-onciale, minusculo-cursive, onciale pure, cursive mélangée. » Papiers de Bréquigny, volume XXXIV, fol. 27 v°. — Voyez ma *Notice sur les manuscrits disparus de la bibliothèque de Tours*, p. 55.

grandes lettres initiales en couleur, in-folio, du vii° siècle. Heureusement le docteur Karl Zangemeister en a communiqué, en 1876, à l'Académie de Vienne une description qui nous fait connaître le manuscrit à peu près aussi exactement que si nous l'avions sous les yeux. Il se compose de vingt-quatre feuillets, contient treize homélies et est orné d'initiales peintes, dont le principal motif consiste en poissons. Parmi les homélies dont Zangemeister a relevé les rubriques et les premiers mots, il y en a deux de saint Ambroise, dont le texte, trouvé par les bénédictins dans un très ancien manuscrit de Fleuri, a paru pour la première fois en 1690 dans l'appendice aux OEuvres de saint Ambroise [1]; de plus, Zangemeister a enregistré trois homélies de saint Augustin, intitulées : *Incipit tractatus die sabbato...*, *Incipit tractatus die dominica quem dixit ad memoriam sanctorum...*, et *Incipit alius sermo quem dixit ad basilicam majorem eodem die.* Ces trois homélies de saint Augustin ont été citées par les bénédictins [2], au xvii° siècle, comme se trouvant dans un très ancien manuscrit de Fleuri-sur-Loire. D'après leur témoignage, elles s'y présentaient dans l'ordre et avec les rubriques que nous offre le ms. 9 de Libri. Au dire des bénédictins, la rubrique de la deuxième homélie était à moitié détruite (*Semesus titulus*) dans le manuscrit de Fleuri, et Zangemeister nous avertit que la même rubrique, dans le manuscrit de Libri, a subi un grattage (*eine halbe Zeile ausradirt*). On peut donc affirmer que le manuscrit de Libri est celui qui a passé sous les yeux des bénédictins. Mais, quand on rencontre dans la collection de Libri de très anciens volumes composés d'un petit nombre de feuillets, il est à peu près certain qu'on est en présence de cahiers arrachés à des manuscrits de nos bibliothèques françaises. Il fallait donc rechercher le volume de l'abbaye de Fleuri, copié en lettres onciales, orné de grandes initiales à poissons, dans lequel Libri avait pu prélever vingt-quatre feuillets. Or, en relisant ces jours derniers le catalogue des manuscrits d'Orléans, publié en 1820 par Septier, je remarquai sous le n° 131 un recueil de sermons, en lettres onciales, provenu de l'abbaye de Fleuri. J'écrivis immédiatement au savant bibliothécaire d'Orléans, M. Jules Loiseleur, pour lui demander si le ms. 131 n'avait pas éprouvé des malheurs, et pour le prier de me communiquer ce manuscrit dans le cas où il y aurait noté des lacunes. Le lendemain, je re-

[1] Col. 471 et 472. — [2] *S. Augustini opera*, t. V, col. 1044, 1057 et 1058, serm. CCLIII, CCLVII et CCLVIII.

cevais le ms. 131. C'était bien l'antique volume dont s'étaient servis les bénédictins du xvii° siècle, un de ces monuments de l'époque mérovingienne dont la vue fait palpiter le cœur d'un paléographe.

Il me suffit de l'ouvrir pour m'assurer que les trois homélies de saint Augustin et les deux homélies de saint Ambroise, dont je parlais tout à l'heure, n'y figuraient pas, mais qu'elles en avaient jadis formé les articles 51, 52, 53, 74 et 75.

Un examen plus approfondi me fit reconnaître qu'on en avait enlevé les trois cahiers dont a été constitué le ms. 9 de Libri. Il serait trop long d'en déduire ici les preuves. Je me contente d'affirmer que les vingt-quatre feuillets du ms. 9 de Libri sont en réalité les pages 98-113, 248-263 et 328-343 du ms. 131 d'Orléans; il renferme les treize homélies qui, dans ce manuscrit d'Orléans, portaient les n°ˢ 21-23, 51-54 et 71-76[1].

Le ms. 9 de Libri est donc le fruit d'un vol commis à Orléans; il ne vient donc pas d'Italie, comme on avait voulu le faire croire, en y inscrivant la note *Est Sancti Petri de Perusio*, note qui était déjà un indice que le manuscrit provenait d'un vol, puisqu'on n'avait pas reculé devant un faux pour en cacher l'origine.

Je ne discuterai pas longuement la provenance du ms. 10 de Libri: un Oribase en lettres semi-onciales du vii° siècle. M. le docteur Daremberg et ses collaborateurs croyaient qu'il avait été dérobé à Troyes. A l'appui de cette conjecture, il convient de remarquer que la ville de Troyes a perdu un Oribase, qui figure sur le catalogue des manuscrits du collège de Troyes dressé par Grosley au milieu du xviii° siècle. Une circonstance qui porte à croire que le manuscrit de Troyes est bien celui de lord Ashburnham, c'est que celui-ci contient les fragments de huit livres d'Oribase, ce qui est parfaitement d'accord avec la désignation donnée par Grosley[2]: *Uribasii medici opera, in octo libros.*

Le cas du n° 11 de Libri est assez singulier. Tout ce qu'on en sait se réduit à la note suivante du catalogue imprimé: « Omeliæ variæ, manuscrit sur

---

[1] M. Havet et moi nous avons constaté, le 7 mars 1883, que le ms. 9 de Libri se composait bien des pages 98-113, 248-263 et 328-343 du ms. 131 d'Orléans. Les traces de l'ancienne pagination sont encore reconnaissables, malgré le soin qu'on a pris de les gratter; le chiffre 342 est même, par suite d'un oubli, resté intact au haut du folio 24 recto. Pour cet article, nos constatations ont été d'autant plus rigoureuses que j'avais apporté au Musée britannique le ms. 131 de la ville d'Orléans.

[2] *Vie de Pierre Pithou*, t. II, p. 282.

vélin, en lettres onciales avec beaucoup de majuscules en couleur, à longues lignes, in-folio, du vii° siècle. Voyez le fac-similé n° 11. » J'ai voulu
voir le fac-similé n° 11, et j'ai été frappé de la ressemblance que ce fac-similé
présente, d'une part, avec le calque d'une ligne du ms. 9 de Libri, et,
d'autre part, avec le ms. 131 d'Orléans. Non seulement les écritures sont
semblables, mais la longueur des lignes est la même dans les trois manuscrits, un peu moins de 20 centimètres. Voici ce qui est arrivé :

On a arraché dans le ms. 131 d'Orléans soixante-quatre feuillets, savoir
les pages 98-113, 168-263 et 328-343 ; j'ai montré tout à l'heure que
vingt-quatre de ces feuillets ont servi à constituer le ms. 9 de Libri. Il
en restait quarante, dont le voleur a dû former un second manuscrit, le
n° 11 de la collection de Libri. Sans avoir vu jamais ni le ms. 11, ni aucune description de ce ms. 11, sinon la note informe ci-dessus rapportée,
je crois être certain qu'il comprend tout ou partie des quarante feuillets
du ms. 131 d'Orléans, jadis paginés 168-247, et qu'on doit y trouver tout
ou partie des douze homélies cotées 39-50 et indiquées comme il suit dans
une table datant du xvii° siècle :

« Item homilia sancti Johannis de Cruce.

« Item homilia de Joseph qui corpus Domini petiit a Pilato.

« Item sermo de Cruce.

« Item homiliæ quatuor divi Augustini de passione Domini Jesu Christi.

« Item tractatus duo ejusdem in die sancto Paschæ.

« Item tractatus pro singulis feriis hujus hebdomadæ de eodem sancto
Augustino. »

L'hypothèse que j'émets sur le contenu du ms. 11 de Libri semblera
peut-être téméraire. Je crois cependant que l'examen du manuscrit lui-même
la justifiera[1].

C'est à peu près dans les mêmes conditions que je propose une conjecture sur le contenu et sur l'origine du ms. 12 de Libri. Ce manuscrit
est ainsi mentionné sur le catalogue imprimé : « Expositio in Leviticum. Ma-

[1] Le 7 mars 1883, M. Havet et moi nous avons reconnu que le ms. 11 de Libri se compose de quarante feuillets qui ont jadis formé les pages 168-247 du ms. 131 d'Orléans ;
les traces de l'ancienne pagination, que le voleur a essayé de faire disparaître, sont encore parfaitement visibles ; on y trouve les ho-
mélies 39-50, dont les numéros d'ordre sont restés intacts, tels qu'on les avait marqués au
xvii° siècle dans l'abbaye de Fleuri-sur-Loire.

nuscrit sur vélin, en lettres onciales, à longues lignes, in-folio, du vıᵉ siècle.
Voyez le fac-similé n° 12. » En me reportant au recueil de fac-similés retrouvé dans les papiers de Libri, je fus frappé de la ressemblance qui existe
entre le fac-similé n° 12 et l'écriture du ms. 372 de Lyon. Or, le ms. 372
de Lyon est une très ancienne copie du commentaire d'Origène sur la
Genèse, l'Exode et le Lévitique, copie dans laquelle manquent les deux premiers livres du commentaire sur le Lévitique. Nul doute que ces deux premiers livres n'aient été soustraits et n'aient servi à former le ms. 12 de Libri.
Pour montrer combien ma conjecture est vraisemblable, je mets sous les
yeux de l'Académie le fac-similé d'une ligne du ms. 12 de Libri et le fac-
similé de deux pages du ms. 372 de Lyon[1].

Je n'ai pas à revenir sur le n° 13 de Libri. C'est le Pentateuque de Saint-
Gatien, dont j'ai fait l'histoire au commencement de la présente notice.

Le n° 14 est, lui aussi, un manuscrit volé à la bibliothèque de Tours. Les
vicissitudes méritent d'en être racontées avec quelques détails.

Par son testament, qui doit être rapporté à l'année 475, Perpétue, évêque
de Tours, légua à Euphrone un livre des évangiles qui avait été copié par
saint Hilaire, évêque de Poitiers : « Evangeliorum librum quem scripsit Hilarius, quondam Pictaviensis sacerdos[2]. » Au xvııᵉ siècle, on montrait dans
le trésor de Saint-Gatien un antique exemplaire des évangiles, qui, suivant
une tradition, aurait été l'exemplaire possédé par Perpétue et transcrit par
saint Hilaire. En 1693, dom Coustant enregistra cette tradition sans l'ap-
puyer, mais aussi sans la contredire[3]. Dom Thierry Ruinart fut moins réservé.
Il rejeta cette attribution et déclara sans hésiter que l'évangéliaire de Saint-
Gatien, écrit en lettres saxonnes, datait au plus tôt du milieu du vııᵉ siècle,
puisqu'une inscription placée en tête mentionnait la découverte des reliques
de saint Innocent, qui eut seulement lieu vers le milieu du vııᵉ siècle[4]. Ce
furent sans doute les judicieuses observations de Ruinart qui décidèrent les
chanoines Jouan et d'Avanne à passer sous silence l'origine légendaire des
évangiles de la cathédrale de Tours; ils se contentèrent de les annoncer, au

---

[1] Comme je l'avais supposé, le ms. 12
de Libri contient les deux premiers livres du
commentaire d'Origène sur le Lévitique. Les
treize feuillets dont il se compose sont ceux
dont j'avais signalé l'absence en 1880 dans le
ms. 373 de Lyon, entre les folios 161 et

162. Nous l'avons reconnu, M. Havet et moi,
de la façon la plus positive, le 8 mars 1883.

[2] Pardessus, *Diplomata*, t. I, p. 24.

[3] *Sancti Hilarii opera*, col. cxxı.

[4] *S. Gregorii ep. Turon. operum appendix*,
p. 1318.

n° 8 de leur catalogue, comme ayant plus de mille ans d'antiquité : « Codex evangeliorum scriptus ante annos mille [1]. » Avec moins de prudence, les auteurs du *Gallia christiana* déclaraient en 1720 avoir vu dans la bibliothèque de Saint-Gatien de Tours un ancien exemplaire des évangiles, qui passe, disent-ils, pour avoir été copié par saint Hilaire et légué par saint Perpétue à l'église de Tours [2].

C'est aux auteurs du *Nouveau traité de diplomatique* [3] que reste le mérite d'avoir exactement défini les caractères du vieil évangéliaire de Saint-Gatien. Ils ont montré que ce livre, écrit en caractères anglo-saxons, était postérieur au milieu du VIII° siècle. Il avait été copié par un certain Holcundus, qui s'est fait connaître par une souscription aussi prétentieuse que barbare. L'étrangeté de ce manuscrit avait frappé les bénédictins. Par la description détaillée qu'ils en ont donnée, et mieux encore par l'emploi qu'en ont fait dom Calmet, dom Sabatier et Blanchini, on voit quel intérêt présentait l'évangéliaire anglo-saxon de Saint-Gatien.

Libri le vit à Tours en 1842. En effet, Chauveau l'avait mentionné sur son catalogue dans les termes suivants : « Codex evangeliorum. Parchemin, n° 8, VIII° siècle. Un volume in-4°. Saint-Gatien. » La date proposée par Chauveau n'ayant pas paru exacte à Libri, il la rectifia en ajoutant sur le catalogue la mention *VII° siècle*. Or, cinq ans plus tard, le même Libri vendait au comte d'Ashburnham un évangéliaire qu'il décrivait ainsi :

« Corpus evangeliorum. Manuscrit sur vélin, en lettres visigothiques ou anglo-saxonnes, à longues lignes, in-folio, du VI° ou du VII° siècle. En tête de chacun des quatre évangiles contenus dans ce précieux manuscrit, parfaitement conservé, se trouve une grande page peinte en arabesque, avec des figures d'animaux, etc., et des caractères d'une forme bizarre. »

Il n'est pas nécessaire de démontrer que le ms. 14 de Libri est l'ancien ms. 8 de Saint-Gatien de Tours. L'identité des deux manuscrits a été reconnue par le dernier comte d'Ashburnham, dans une lettre que j'ai entre les mains [4].

Telles sont les observations que m'a suggérées l'examen des très anciens

[1] *Bibliotheca sanctæ ac metropolitanæ ecclesiæ Turonensis*, p. 3, n° 8.
[2] *Gallia christiana*, t. II, col. 1141.
[3] T. III, p. 86 et 383.

[4] Le 8 mars 1883, M. Havet et moi nous avons constaté que le ms. 14 de Libri est bien le même que le ms. 8 de Saint-Gatien de Tours.

manuscrits du comte d'Ashburnham, de ces manuscrits qu'on cite à bon droit comme suffisants pour illustrer une bibliothèque particulière et la faire marcher de pair avec les grandes et anciennes bibliothèques publiques de l'Europe. On a vu à quoi se réduisent les quatorze volumes par lesquels cette classe de livres est représentée dans le fonds Libri; selon toute vraisemblance, six ont été volés à Lyon, quatre à Tours, deux à Orléans et un à Troyes[1].

Si je passais en revue d'autres catégories de manuscrits, j'arriverais à des résultats analogues. Je me hâte d'ajouter que la proportion ne serait pas aussi forte. Il y a cinquante ans, on ne pouvait guère se procurer des manuscrits en lettres onciales qu'en pillant les dépôts publics; la mise en vente d'un tel monument mettait en émoi les bibliophiles et les bibliothécaires de tous les pays. Mais il y avait alors sur le marché une masse énorme de manuscrits du moyen âge et des temps modernes; à coup sûr, Libri en a acquis beaucoup, soit à l'amiable, soit dans les ventes publiques, mais, bien souvent aussi, pour ces livres d'un ordre relativement secondaire, il a trouvé plus commode et plus économique de prélever ce qui était à sa convenance dans les dépôts publics. On en aura des preuves nombreuses et irréfutables dans un travail que je prépare sur les vols jadis commis à la bibliothèque d'Orléans, et surtout dans un mémoire qui va paraître sous les auspices de l'Académie. A ce mémoire intitulé: *Notice sur les manuscrits disparus de la bibliothèque de Tours pendant la première moitié du XIXᵉ siècle*[2], j'emprunte un seul exemple qui met en pleine lumière les procédés employés par Libri pour battre monnaie avec les manuscrits de nos bibliothèques publiques.

Au milieu du XVIIIᵉ siècle, Bréquigny analysa avec beaucoup de soin un manuscrit de Saint-Martin de Tours, le nᵒ 42, dans lequel avaient été copiés, au IXᵉ siècle, beaucoup de morceaux scientifiques et historiques. Le savant académicien y distinguait trois parties: la première contenait le traité de Bède sur la nature des choses et la chronique du même auteur; la deuxième se composait d'une vingtaine de pièces relatives au comput, à la chronologie, aux poids et aux mesures; dans le troisième, on avait l'Arithmétique de Boèce, suivie des Phénomènes d'Aratus. Le volume était encore intact, à

---

[1] Depuis mon voyage à Londres, je dois modifier comme il suit la conclusion de ma notice sur les quatorze premiers manuscrits de Libri : ils ont tous été volés, six à Lyon, cinq à Tours, deux à Orléans et un à Troyes.

[2] Voyez plus haut, p. 17.

la bibliothèque de Tours, il y a une quarantaine d'années, lors de la rédaction du catalogue de Chauveau. Aujourd'hui la ville de Tours n'en possède
plus que quarante-neuf feuillets; le reste a été déchiqueté et si bien dénaturé
qu'on en a formé trois nouveaux manuscrits, les n°ˢ 3o, 87 et 88 du fonds
Libri; l'un d'eux, le n° 87, a été enrichi d'une mention frauduleuse : *Est
Sancti Joannis in Valle*, mention que nous avons déjà vu le faussaire inscrire
sur un des manuscrits volés à Lyon. On verra, dans mon mémoire, comment il faut combiner les trois manuscrits de Libri avec le ms. 334 de
Tours, pour rétablir dans son ensemble un volume qui offre un réel intérêt
pour l'histoire scientifique du ıxᵉ siècle[1].

Si je n'avais déjà abusé de l'attention de l'Académie, je citerais bien d'autres exemples de mutilations, d'altérations, de retranchements et d'additions
non moins coupables.

Ce n'est donc pas seulement contre des vols audacieux que nous avons à
protester. Nous nous trouvons en présence d'actes de vandalisme qui ont eu
pour résultat de supprimer ou de défigurer des textes précieux pour la littérature et l'histoire. De telles malversations, auxquelles le droit interna-
tional peut assurer l'impunité, n'en doivent pas moins à tout jamais soulever
l'indignation publique. Que les hommes éclairés de toutes les nations s'entendent donc pour flétrir les pirates littéraires qui vont clandestinement
porter à l'étranger le fruit de leurs rapines. Qu'ils unissent leurs efforts pour
empêcher le trafic d'objets qui ne sauraient entrer dans le commerce, puisque
les monuments d'art et de science déposés dans les établissements publics
forment un domaine inaliénable, à l'intégrité duquel le monde savant tout
entier doit s'intéresser.

---

[1] J'ai vérifié avec M. Julien Havet que les mss. 3o, 87 et 88 de Libri doivent être réunis au ms. 334 de Tours pour reconstituer l'ancien ms. 42 de Saint-Martin, lequel était encore intact à la bibliothèque de Tours en 1842.

NOTE SUR LE MS. 517 DE LYON,

DONT UN MORCEAU A SERVI À FORMER LE MS. 2 DE LIBRI.

OPUSCULES DE SAINT JÉRÔME.

Le ms. 517 de Lyon contient divers opuscules de saint Jérôme, savoir :

Fol. 1. Fragment commençant par les mots : « prudens lector, cave semper supersti-tiosam intellegentiam ut non tuo sensui... ».

Fol. 6 v°. « + Incipit de expositione quattuor profetarum, id est Abdiæ, Naum, Jonae et Ambacuc. Inperitus commentatur est qui tam obscurae... »

Fol. 12. « Incipit de epistula sancti Hironimi presbiteri ad Agarurutiam. Multae sunt virtutum species quæ sectatoribus suis tribuunt regna caelorum... »

Fol. 17. « Incipit ad Paulinum. Illa est vera necessitudo et Christi glutino copulata quam non utilitas rei familiaris non præsentia... »

Fol. 19 v°. « Incipit ad Paulinum. Hominis sapientia non annorum... »

Fol. 23. « Incipit ad Rusticum. Nihil eo fortius qui vincit diabulum, nihil inbecillius qui a carne superatur... »

Fol. 33. « Incipit ad Eliodorum de morte Nepotiani. Grandes materias ingenia parva non sufferunt, et in ipso conatu ultra vires causa subcumbunt... »

Fol. 42. « Incipit ad Pammatium de dormitione Pauline. Sanato vulneri et in cica-tricem... »

Fol. 48 v°. « Incipit ad Ocianum de morte Fabiolæ. Qui viro sanctum adque perfectum laudare voluerit quicquid primum arripuerit... »

Fol. 51. « Incipit ad Amandum. Suffecit nobis de praesentibus hujus saeculi angustiis cogitare... »

Après le fol. 52 manquent 19 feuillets, savoir le dernier feuillet du ca-hier VII, le cahier VIII, le cahier VIIII et les deux premiers feuillets du ca-hier X. Ces 19 feuillets ont été arrachés pour former le ms. 2 de Libri qui contient :

Fol. 1. « Incipit ad Neputianum. Multa corporis bella... »

Fol. 4 v°. « Incipit ad Eliodorum. Quid facis monache in paterna domo... »

Fol. 10 v°. « Incipit ad Eufemia. Multi juvenes servientes Deo... »

Fol. 14 v°. « Incipit ad Eustochium. Non expedit adpraehenso aratro respicere... »

7

Fol. 16. « Incipiunt sententiae generalis. Doctus oratur plures sermones paucis verbis... »

Fol. 18. « Incipit ad Rufinum. Multum in utramque partem crebro... »

Du fol. 19 du ms. 2 de Libri il faut aller au fol. 53 du manuscrit de Lyon pour rétablir l'ordre primitif du volume.

Ce fol. 53 commence par un fragment dont les premiers mots sont : « huc illuc quae discurrunt... ».

Fol. 53. « Ad matrem et filiam. Interdum virgo filia a vidua matre dividitur... »

Fol. 53 v°. « De[lau]de sancta Paula. Si cuncta corporis membra veterentur (*sic*) in linguas... »

Fol. 54. « De elimosinis. Quis eloqui potest diversas hominum infirmitatis... »

Fol. 55. « Item de elymosinis. Vir fidelis et ardentis fidei dispensationem paecuniæ... »

Fol. 55 v°. « Item de elymosinis. Habeo opes, facile tibi est victus subsidia ministrare... »

Fol. 56 v°. « Item de elymosinis. Illis tribuae elymosinam qui non... »

Fol. 58 v°. « Ad Principiam virginem. Defecerunt Sarrae... »

Fol. 60 v°. « Ad Elvidium. Græca narrat historia cum quidam vulgo esset ignotus...»

Fol. 61 v°. « Ad Hebidiam. Omnes divitiae de iniquitate... »

Fol. 62. « Ad evangelium de Melchisedech. Si vas electionis interdum stupet ad mysteria scripturarum... ».

Fol. 62 v°. « Ad Vigilantium. Sicut ad proprias injurias pacientes... »

Volume en parchemin. 80 feuillets, non compris ceux qui ont été arrachés pour former le ms. 2 de Libri. 230 millimètres sur 160. Écriture onciale à longues lignes du vi° siècle. 15 lignes à la page. Un caractère distinctif de cette écriture, c'est la longueur des traits effilés par lesquels les I se prolongent au-dessous du niveau des lignes.

Aux fol. 6 v°, 12, 17, 19 v°, 23, 33, 42, 48 v° et 54, titres en capitales dont les contours sont tracés à l'encre et dont les pleins sont enluminés en rouge, en vert ou en jaune.

A beaucoup d'endroits, le commencement des alinéas est alternativement rouge, vert et jaune.

Sur les marges d'un grand nombre de feuillets ont été tracés en abrégé des mots qui indiquent le sujet auquel se rapporte le passage copié en regard : « Virg[ines], Sac[erdotes], Mart[yres], Mor[tui], Mon[achi], Vid[uae], Paen[itentes], Cl[erici], El[emosynae] ». — Souvent revient la note : « Gen[eralis] ».

Composition des cahiers :

I, fol. 1-5. Les trois premiers feuillets manquent; il y en a des vestiges repliés entre les fol. 5 et 6. — II, fol. 6-13. — III, fol. 14-21. — IV, fol. 22-29. — V, fol. 30-37. — VI, fol. 38-45. — VII, fol. 46-52. Manque le dernier feuillet de ce cahier. Il se trouve dans le ms. 2 de Libri avec les cahiers VIII et IX et les deux premiers feuillets du cahier X. — X, fol. 53-58. Manquent les deux premiers feuillets de ce cahier. — XI, fol. 59-66. — XII, fol. 67-74. — XIII, fol. 75-80. Les deux derniers feuillets de ce cahier manquent.

On lit les signatures I sur le fol. 5 v°, II sur le fol. 13 v°, III sur le fol. 21 v°, IIII sur le fol. 29 v°, V sur le fol. 37 v°, VI sur le fol. 45 v°, [VII sur le fol. 1 v° du ms. 2 de Libri, VIII et VIIII sur les fol. 9 v° et 17 v° du même ms.], X sur le fol. 58 v° et XII sur le fol. 74 v°.

7.

OBSERVATIONS

SUR

PLUSIEURS MANUSCRITS DU FONDS BARROIS[1].

La mission que M. Paul Meyer vient de remplir[2] avec tant de bonheur en Angleterre nous a procuré, entre autres avantages, celui de pouvoir étudier en détail la merveilleuse collection de manuscrits qu'a rassemblée lord Ashburnham, et dont nous n'avions en France qu'une idée fort confuse. Jusqu'à ces derniers temps on s'imaginait généralement que les trésors amassés à Ashburnham-Place étaient à peine connus de leur propriétaire, qui, disait-on, les dérobait avec un soin jaloux à la curiosité des érudits. On a vu combien cette opinion était fausse, quand on a appris qu'au mois de novembre dernier lord Ashburnham avait fait à M. Meyer les honneurs de sa bibliothèque avec la plus gracieuse courtoisie, et lui avait offert deux exemplaires de ses catalogues, l'un pour lui, l'autre pour le département des manuscrits de la Bibliothèque impériale. Une telle libéralité assure au noble lord la reconnaissance de tous les savants français. En mon particulier, j'y ai été d'autant plus sensible que, grâce à l'amitié de M. Meyer, j'ai été l'un des premiers à pouvoir en apprécier la portée. Mon jeune confrère était à peine de retour à Paris qu'il me prêtait son exemplaire des catalogues de lord Ashburnham, en m'annonçant que j'y trouverais de curieux renseignements sur les débris de plusieurs anciennes bibliothèques dont l'histoire a depuis longtemps attiré mon attention.

Je commençai par examiner le catalogue de la collection que lord Ashburnham a acquise de M. Barrois en 1849[3], et qui est si précieuse pour l'histoire et la littérature du moyen âge. Dès que j'en eus parcouru les pre-

---

[1] *Biblioth. de l'École des chartes*, 6ᵉ série, t. II, p. 193 et suiv.

[2] Dans la seconde moitié de l'année 1865.

[3] Voy. *Biblioth. de l'École des chartes*, 2ᵉ série, t. V, p. 391. — M. Desnoyers a donné dans le *Bulletin de la Société de l'histoire de France*, année

mières pages, je fus frappé de la ressemblance que plusieurs des volumes
décrits dans le catalogue présentent avec certains manuscrits dont j'avais déjà
eu l'occasion de m'occuper. Arrivé au n° 10, je remarquai une reliure de
Charles IX, et au n° 65 une reliure de Henri II. Je m'assurai sur-le-champ
que la Bibliothèque impériale ne possédait plus deux manuscrits reliés l'un
aux armes de Charles IX, l'autre aux armes de Henri II, dont le contenu
répondait exactement au contenu des mss. 10 et 65 de la collection de
M. Barrois. Cette observation fut pour moi un trait de lumière, et je me
demandai si M. Barrois, dont la bonne foi avait été au moins une fois ex-
ploitée par des spéculateurs peu délicats[1], et chez qui s'était trouvé l'exemplaire d'*Ogier le Danois* volé à la bibliothèque de Tours, n'aurait pas acquis
plusieurs des manuscrits qui ont été soustraits à la Bibliothèque du roi vers
l'année 1840[2], et qui ont laissé dans nos armoires un vide déplorable. Je com-
parai donc le catalogue de la collection de M. Barrois avec les notices de
tout genre que j'avais pu me procurer sur les manuscrits volés à la Bibliothèque, et j'obtins bientôt la preuve qu'une trentaine des plus précieux volumes dont nous avons été dépouillés avaient été recueillis par M. Barrois.
Les uns sont encore intacts; les autres ont été découpés en plaquettes, soit
que les voleurs aient voulu par là dissimuler la fraude, soit qu'ils aient trouvé
plus avantageux pour leur trafic de multiplier le nombre apparent des manuscrits.

J'ai cru qu'il était utile de signaler ces faits et d'indiquer la route qu'ont
prise différents volumes dont la communication a été plus d'une fois demandée
en vain aux conservateurs du département des manuscrits de la Bibliothèque
impériale. Le travail que j'entreprends est sans doute fort délicat : je n'ai
jamais vu, et je ne connais que par des descriptions parfois très imparfaites,
les volumes qui nous ont été soustraits; je n'ai pas vu davantage les volumes
possédés par lord Ashburnham. Néanmoins j'espère que toutes mes obser-

---

1856, p. 313, une très instructive notice sur
les goûts et les travaux de M. Barrois, qui est
mort le 21 juillet 1855.

[1] Voy. dans l'*Athenæum français* du 27 janvier 1855, p. 94, l'histoire du faux obélisque
assyrien qu'un nommé Dropsy avait vendu à
M. Barrois en juillet 1854 pour une somme
de 5,000 francs.

[2] Dans les observations qui vont suivre, on
verra que plusieurs des manuscrits dont je parlerai étaient encore à la Bibliothèque du roi en
1837, 1838 et 1839, et que l'absence de plusieurs fut constatée dès l'année 1844; mais ce
fut seulement en 1848 qu'un récolement général fit reconnaître l'ensemble des pertes
qu'avait subies le cabinet des manuscrits.

vations porteront sur des faits exacts et que toutes mes conclusions seront acceptées par les juges compétents et impartiaux.

Comme je m'adresse à des savants, je n'ai pas cru devoir m'arrêter aux objections superficielles que pourraient suggérer des différences d'opinion dans la détermination des formats et dans l'appréciation de l'âge des écritures. Tous ceux qui ont manié des manuscrits savent en effet ce qu'il y a d'arbitraire dans la manière d'indiquer le format des livres non imprimés : aussi ne s'étonneront-ils pas de voir un même manuscrit qualifié in-quarto dans un catalogue, et in-octavo dans un autre. Ils savent aussi la tendance que les auteurs du catalogue imprimé des manuscrits latins de la Bibliothèque du roi avaient à rajeunir l'âge des écritures, de sorte que tel volume du XIIe siècle est porté dans leur travail comme appartenant au XIIIe et même au XIVe siècle.

J'entre en matière sans autres considérations préliminaires, et je vais examiner l'un après l'autre trente-trois volumes qui ont trouvé une intelligente hospitalité dans la galerie de lord Ashburnham, et dont la place est restée vide sur les rayons du cabinet des manuscrits de la Bibliothèque impériale.

Il est bien entendu qu'il sera uniquement question ici du fonds de M. Barrois. Le fonds de M. Libri, qui forme la première partie des collections manuscrites d'Ashburnham-Place, pourrait, lui aussi, donner lieu à de curieuses observations; mais le catalogue que nous en possédons, et qui est en grande partie l'œuvre de M. Libri lui-même, est rédigé d'une façon très sommaire, et il serait impossible d'en tirer des renseignements précis comme ceux que nous a fournis l'excellent catalogue du fonds de M. Barrois. Le sujet a d'ailleurs été déjà traité par MM. Lalanne et Bordier, dans le consciencieux ouvrage qu'ils ont publié en 1851 sous le titre de *Dictionnaire de pièces autographes volées aux bibliothèques publiques de la France*. Ce ne serait qu'avec un catalogue détaillé qu'on arriverait à des résultats plus complets.

I

En 1848, on constata à la Bibliothèque l'absence du ms. latin 6755, qui est ainsi décrit dans le catalogue imprimé en 1744 :

Codex membranaceus, in octavo, olim Mazarinæus. Ibi continentur :

1° Aristotelis liber de Secretis secretorum : interprete Philippo, clerico Tripolitano.

2° Ambrosii Autperti tractatus de conflictu vitiorum et virtutum.

3° Flores e scriptoribus cum sacris tum profanis collecti.

4° Anonymi opusculum de musica.

5° Descriptio sanctorum locorum circa Jerusalem.

6° Descriptio urbis Antiochiæ.

7° Urbium et majorum villarum quas Carolus acquisivit in Hispania et Galecia catalogus.

8° Sancti Bernardi meditationes.

9° Anonymus de constructione et excidio templi Hierosolymitani et de passione Christi.

10° Methodii, Patarensis episcopi, oratio de Antichristo et de consummatione sæculi.

11° Anonymi dialogus de vitæ felicitate.

Is codex partim decimo tertio, partim decimo quarto sæculo[1] videtur exaratus.

On peut compléter cette notice à l'aide de la description que les béné-dictins ont faite du même manuscrit dans le catalogue rédigé à la fin du XVII° siècle[2]. Le soin qu'ils ont pris d'indiquer les premiers mots de chaque traité et la page à laquelle il commençait dans le manuscrit nous fournira des preuves décisives quand nous rechercherons ce qu'est devenu le manu-scrit volé à la Bibliothèque. Voici comment les bénédictins ont parlé du ms. 6755, qui, de leur temps, portait le n° 6586 :

1° Liber moralium de regimine dominorum, seu Secretum secretorum, editus ab Aristotele ad honorem Alexandri, cum præviis quibusdam epistolis et præfationibus. « Domino suo, etc. Guidoni de Valentia pontifici, Philippus, etc. Quantum luna cæteris. »

2° Ambrosii Autperti tractatus de conflictu vitiorum et virtutum. « Superbia dicit, etc. » Fol. 37.

3° Flores seu excerpta ex pluribus vetustis authoribus tum sacris tum profanis. « Ex Claudiano. » Fol. 47.

4° Anonymi ars musicæ. « Quoniam circa artem. » Fol. 79.

5° Descriptio sanctorum locorum circa Jerusalem. « Si quis ab occidentalibus. » Fol. 88.

6° Brevis descriptio urbis Antiochiæ. « Hæc urbs. » Fol. 88 v°.

7° Urbes et majores villæ quas Karolus acquisivit in Hispania et Gallecia. « Urbes et majores. » Fol. 89.

---

[1] Ici les auteurs du catalogue se sont départis de leurs habitudes : ils ont vieilli la partie la plus récente du ms. 6755, qui était du XV° siècle, et non pas du XIV°, puisqu'elle con-tenait, comme on le verra bientôt, un opus-cule de Bartholomæus Facius, auteur qui vivait dans la seconde moitié du XV° siècle.

[2] Ce catalogue, que j'aurai plus d'une fois l'occasion de citer, existe en double exemplaire à la Bibliothèque impériale. La mise au net forme les n°ˢ 9358 et 9359 du fonds latin ; la minute, qui resta à Saint-Germain-des-Prés jusqu'à la Révolution, est classée sous les n°ˢ 14181-14185 du même fonds.

8° Excerpta ex sanctis Augustino et Bernardo, per fratrem Danielem de Chaumont, canonicum Sancti Foillani. « Multi multa sciunt. » Fol. 90.

9° Tractatus anonymus, in quo plura supposititia quæ temporibus Jesu Christi et paulo post evenisse dicuntur. « David autem rex. »

10° Methodii, episcopi et martyris, liber de principio sæculi, et inter regna gentium et finem sæculorum. « Sciendum namque est. » Fol. 108 v°.

11° Anonymi dialogus de beata vita, seu de vitæ felicitate, in quo Guarinus, Antonius Panormitanus et Lamola collocutores inducuntur; præfatio incipit : « Humanæ vitæ ». Fol. 113.

Ex parte scriptus anno 1267.

Les deux notices qu'on vient de lire mentionnent expressément plusieurs particularités auxquelles on pourra aisément reconnaître notre ms. 6755 ; je ferai remarquer les suivantes :

1° Une partie du manuscrit a été copiée en 1267.

2° Il y a des extraits de saint Bernard et de saint Augustin, faits par Daniel de Chaumont, chanoine de Saint-Foillan.

3° Il y a un traité de musique commençant par les mots *Quoniam circa artem*, et occupant neuf feuillets.

4° Un feuillet renferme au recto la description des environs de Jérusalem (*Si quis ab occidentalibus*), et au verso une courte description d'Antioche (*Hæc urbs*). Le feuillet suivant contient une liste des villes conquises en Espagne par Charlemagne.

5° Le traité de Methodius commence au verso d'un feuillet et occupe les quatre feuillets suivants.

Ces points établis, prenons le catalogue des manuscrits de M. Barrois et copions les notices consacrées aux n°s 284, 291 et 277 :

CCLXXXIV. — 1. Incipit liber moralium de regimine dominorum, qui alio modo dicitur Secretum secretorum philosophorum, editus ab Aristotele ad honorem Alexandri, regis et discipuli sui. (Per Philippum clericum translatus.)

2. Tractatus de lapidibus. Fol. 34 v°. — « In quoque lapide invenientes arietem, leonem vel sagitarium, illi ignei sunt et orientales, et faciunt ferentes se gratos Deo et hominibus... »

3. De conflictu viciorum et virtutum. (Tractatus S. Augustini.) Fol. 37. — « Superbia dicit certe multis, immo pene omnibus : Melior es... »

4. De vera cordis compunctione et qualiter honori (*sic*) possit. Fol. 41. — « Quomodo fieri potest ut anima infirma et frigida compunctionis verba pariat. »

5. De triplici bono conjugii. Fol. 41 v°. — «Dicit Augustinus quod tria sunt bona matrimonii, scil. fides, proles et sacramentum.»

6. De cognitione corporis humani. (Tractatus Helynandi.) Fol. 42. — «Corporis humani cognitio in duobus est, in materia et in forma, complexionem medicis relinquo.»

7. Hugo de Folieto, de luxuria prelatorum. Fol. 45. — «Prelati nostri hodie domos non impares ecclesiis magnitudine construunt.»

8. Hystoria Hierosolymitana. Fol. 47. — «David autem rex super Israel regnavit quadraginta annis.» — Finit: «Igitur post hæc, anno sexto decimo post nativitatem Christi, Octavianus Augustus suum emisit spiritum, et suscepit Tyberius, privinus ejus, imperium. Regnante Domino nostro Jhesu Cristo, etc.».

9. In nomine Christi incipit liber (historicus) Methodii, episcopi ecclesie Pa[tarensis] et martyris Christi, quem de ebreo et greco sermone in latinum transferre curavit. Fol. 56 v°.

10. Descriptio sanctorum locorum circa Jherusalem. Fol. 61. — «Si quis ab occidentalibus partibus Jherusalem adire voluerit. . . »

11. Descriptio nobilissime urbis Antiochie. Fol. 61 v°. — «Hæc urbs Antiochia valde et pulcra et honorabilis.»

12. Hæc sunt urbes et majores ville quas Karolus magnus acquisivit in Hyspania et in Galecia. Fol. 62.

13. Sancti Bernardi Clarevallensis meditationes. Fol. 63. — «Multi multa sciunt et semetipsos nesciunt.»

A la fin est écrit : «Explicit liber fratris Daniel de Chaumont, canonici Sancti Foyll', quem scripsit propria manu anno Domini m° cc° lx° vii°, mense septembri, anno primo promotionis domini Fastredi de Harveng, canonici Bone Spei et abbatis Sancti Foyllalii[1], fratre Roberto de Waveria, priore hujus ecclesie».

14. Excerpta ex operibus sanctorum Augustini et Bernardi. Fol. 68 v°.

Manuscrit du xiii° siècle. Sur vélin. Petit in-quarto. 70 feuillets. Écrit pour la plus grande partie à deux colonnes.

Reliure en maroquin vert. Dorure.

CCLXXVII. — De humanæ vitæ conditione dialogus inter Antonium Panormitam, Guarinum Veronensem et Lamolam. (Ad Alphonsum, regem Neapolitanum, auctore Bartholomæo Facio Januensi.) — Commence : «Humane vite condicionem sepius reputanti michi, rex sapientissime, illud maxime mirandum videri solet quod, cum Deus ipse princeps et conditor rerum omnium nichil in terris prestancius homine creaverit, hominem ipsum tot laboribus et calamitatibus obnoxium fecerit ut nemo adhuc ex tot seculis

---

[1] Cette souscription nous autorise à corriger la liste des abbés de Saint-Foillan, publiée dans le *Gallia christ.*, III, 197. On y voit figurer l'abbé Laurent pour les années 1246, 1252 et 1258; puis l'abbé Foulques, qui vécut jusqu'en 1269. Les bénédictins font simplement observer, à la fin de la liste, que l'obituaire de Dommartin contient le nom de Fastredus successivement abbé de Saint-Foillan et d'Hermières. Le nom de Fastredus a été complètement omis sur la liste des abbés d'Hermières, *Gallia christ.*, VII, 942.

repertus sit cui res in omni vita adeo secunde cesserunt ut ille beatum perpetuo existimarit».

Manuscrit du xv° siècle. Sur vélin. In-octavo. 41 feuillets.
Reliure en maroquin vert. Dorure.

CCXCI. — Incipit ars musice. Commence: «Quoniam circa artem musicam necessaria quedam ad utilitatem cantancium tractaturi proponimus, necesse est quod secundum auctoris intencionem subtilissimas regulas summopere subjectas intelligere studeamus».

Manuscrit du xiv° siècle. Sur vélin. Petit in-quarto. 9 feuillets. On a mis en tête un feuillet de plus ancienne date, contenant une curieuse miniature qui représente des figures avec divers instruments de musique.
Reliure en maroquin bleu.

Les trois manuscrits dont je viens de reproduire la notice ont été à coup sûr formés avec les débris de notre ms. 6755. Dans le premier, c'est-à-dire dans le n° 284, on a fait entrer les feuillets répondant aux articles 1, 2, 5-10 des notices que j'ai extraites du catalogue des bénédictins et du catalogue imprimé en 1744. Le ms. 291 représente l'article 4 des mêmes notices; le ms. 277 correspond à l'article 11.

Le rapprochement que j'indique ne s'appuie pas seulement sur la parfaite ressemblance qui existe entre le contenu de notre ms. latin 6755, d'une part, et le contenu des mss. 284, 291 et 277 de M. Barrois, d'autre part. Il est encore justifié de tout point par les particularités matérielles auxquelles j'ai dit plus haut qu'il était aisé de reconnaître notre ms. 6755. Ainsi :

1° La date 1267 se rencontre vers la fin du ms. 284 de M. Barrois.

2° La souscription de Daniel de Chaumont, chanoine de Saint-Foillan, se trouve dans le même manuscrit à la fin d'un extrait de saint Bernard.

3° Le ms. 291 de M. Barrois renferme un traité de musique qui commence par les mots *Quoniam circa artem*, et qui occupe neuf feuillets.

4° Dans le ms. 284 de M. Barrois, un feuillet présente au recto la description des environs de Jérusalem (*Si quis ab occidentalibus*), et au verso une courte description d'Antioche (*Hæc urbs*); le feuillet suivant nous offre une liste des villes conquises en Espagne par Charlemagne.

5° Dans le même manuscrit, le traité de Methodius commence au verso d'un feuillet et remplit les neuf feuillets suivants.

8.

Pour conclure, j'indiquerai la place exacte que chacun des articles de notre ms. 6755 occupe dans la collection de M. Barrois :

MS. LATIN 6755 de la Bibl. imp.		COLLECTION de M. Barrois.
1. Secretum secretorum. Fol. 1	Ms. 284,	fol. 1.
2. Conflictus vitiorum. Fol. 37	—	fol. 37.
3. Flores ex pluribus authoribus. Fol. 47 . . . .[1]		
4. De musica. Fol. 79	Ms. 291.	
5. Descriptio locorum circa Jerusalem. Fol. 88.	Ms. 284,	fol. 61.
6. Descriptio Antiochiæ. Fol. 88 v°	—	fol. 61 v°.
7. Urbes Hispaniæ. Fol. 89	—	fol. 62.
8. Ex S. Augustino et S. Bernardo. Fol. 90 . .	—	fol. 63.
9. Tractatus incipiens *David autem*	—	fol. 47.
10. Methodii liber. Fol. 108 v°	—	fol. 56 v°.
11. Dialogus de beata vita. Fol. 113	Ms. 277.	

II

Les bénédictins nous ont laissé la notice suivante du ms. latin 2874, anciennement coté 4358[2] :

1° Guitmundi, episcopi Aversani, tractatus contra Manichæos et Berengarianos de veritate sacramentorum corporis et sanguinis Domini. Fol. 1.

2° Versus quidam ascetici nullius momenti. Fol. 52.

3° Epistola Alexandri ad Bracmannos cum responsione. Fol. 54.

4° Item ad Dydimum cum Dydimi responsione. Fol. 58.

5° Ad Aristotelem de mirabilibus Indiæ. Fol. 60.

6° Historia Daretis Phrygii de bello Trojano. « Peleus rex. » Fol. 68.

7° Loca quædam ex variis historiis nullo delectu. Fol. 80.

Codex annorum circ. 400, in quarto [olim Mazarinæus].

Ce volume a disparu. Pour le retrouver, il faut chercher un manuscrit dans lequel :

1° L'opuscule de Guimond occupe 51 feuillets;

2° Un recueil de vers, 2 feuillets;

---

[1] Je n'ai pas encore retrouvé ce morceau.

[2] Il est inutile de reproduire l'article correspondant du catalogue imprimé en 1744. Ce n'est qu'un abrégé de la notice des bénédictins, abrégé dans lequel a été supprimée l'indication des feuillets.

3° Les prétendues lettres d'Alexandre, 14 feuillets;

4° L'histoire de Darès, 12 feuillets.

Ces quatre conditions se rencontrent dans le ms. 272 de M. Barrois, réuni au ms. 283 de la même collection :

CCLXXII. — Guitmundus contra Manicheos et Berengarianos hereticos de veritate sacramentorum corporis et sanguinis Christi. Commence : « Ad rem his temporibus necessariam quidem, sed meliori quam ego sum injungendam, dilectissime frater Rogeri, me vocas ».

Manuscrit du XIIIᵉ siècle. Sur vélin. In-quarto. 51 feuillets.

Reliure en maroquin cramoisi.

CCLXXXIII. — 1. Hystoria Daretis Frigii de bello Trojano.

2. Excerpta varia et fabulæ. Fol. 13.

Fabula de Alexandro Magno ad regionem solis. — De signis destructionis Jherusalem. — De Simone Mago. — De viciis gentium. — De bonis moribus eorum. — De Dionysio tyranno et anu. — Fabula de Palumbo et annulo suo. (L'original du conte de Moore, intitulé *De l'Anneau*.) — De Aristomene Messenio. — De uxore Asdrubalis. — De Dumilio. — De Marcia Catonis filia. — Quod non sit ducenda uxor sapienti. — Etc.

3. Epistolæ supposititiæ Alexandri Magni, etc. Fol. 19.

Incipit epistola Alexandri ad Branmagnos. — Rescriptio Branmagni ad eundem. — Responsio Alexandri ad eundem. — Rescriptio Dindimi. — Rescriptio Alexandri ad eumdem. — Incipit epistola Alexandri ad Aristotilem de mirabilibus Indie.

4. Versus leonini. Fol. 33.

> Vinea culta fuit, cultores premia querunt;
> Non labori equali equalia dona fuerunt.

Manuscrit du XIVᵉ siècle. Sur vélin. Petit in-quarto. 34 feuillets.

Reliure en maroquin vert.

Il faut donc recomposer comme il suit notre ms. latin 2874 :

MS. LATIN 2874.	COLLECTION de M. Barrois.	
1. Guitmundi tractatus. Fol. 1	N° 272.	
2. Versus. Fol. 52	N° 283, fol. 33.	
3-5. Alexandri epistolæ. Fol. 54	—	fol. 19.
6. Historia Daretis. Fol. 68	—	fol. 1.
7. Loca quædam. Fol. 80	—	fol. 13.

III

Nous avons deux descriptions du ms. latin 6584 (jadis 6006), qui n'était déjà plus à la Bibliothèque du roi le 19 décembre 1845, quand M. Huillard-Bréholles en demanda la communication. Ces deux descriptions se complètent l'une par l'autre; je les reproduirai donc toutes les deux, en commençant par celle qui se trouve dans le catalogue imprimé en 1744 :

Codex membranaceus, in quarto, olim Mazarinæus. Ibi continentur :

1° Aristotelis liber de Secretis secretorum, interprete Philippo, Tripolitano clerico.

2° Hippiatrica, authore Jordano Rufo, milite Calabrensi.

3° Joannis de Capua, apostolicæ sedis notarii, ad Constantinum de Merrone epistola consolatoria de morte filii.

4° Friderici imperatoris ad regem Francorum epistola, qua conqueritur de sentencia excommunicationis in concilio Lugdunensi adversum se lata.

5° Joannis de Capua ad Constantinum de Merrone epistola gratulatoria de nova dignitate.

6° Frederici imperatoris ad Guillelmum de Tocco, notarium, epistola, ut munus suum fideliter obeat.

7° Caroli, Siciliæ regis, ad justitiarios mandatum contra eos qui Conradini, Friderici imperatoris nepotis, partes tuebantur.

8° Regis Franciæ ad Fridericum imperatorem epistola, qua auxilium adversus infideles efflagitat.

9° Vita sancti Albani [1].

10° Constitutiones inter Clementem IV et Carolum, Siciliæ regem, initiæ.

11° Imperatoris ad papam et cardinales epistolæ de sententia excommunicationis in concilio Lugdunensi lata.

12° Ejusdem ad justitiarium epistola, qua eum reprehendit, quod nimis negligenter puniat malefactores in provincia sibi commissa.

13° Justitiarii responsum ad imperatorem cum excusatione.

Is codex decimo tertio sæculo exaratus videtur.

---

[1] Le ms. latin 8567 de la Bibliothèque nationale contient pareillement, au milieu de lettres ou de modèles de lettres du XIIIᵉ siècle, une vie de saint Alban, qui est précédée de ce titre : « Nativitas, vita et obitus sancti Albani, qui natus fuit ex patre et filia, postea accepit matrem in uxorem, post hec occidit patrem et matrem, demum sanctus. Facta per T. abbatem Clarevallis, et optima est ». Le ms. 6584, comme le ms. 8567, devait contenir une compilation formée avec les ouvrages des « dictatores » de la cour de Rome, au XIIIᵉ siècle.

Prenons maintenant la description consignée dans le catalogue des bénédictins :

1° Opus Aristotelis ad Alexandrum Magnum de astrorum motu, etc., operatione, etc. Dividitur in libros seu distinctiones decem. — Epistola Philippi ad Guittonem, episcopum Tripolitanum. «Quantum luna.» Fol. 1. — Primus prologus cujusdam doctoris. «Deus omnipotens custodiat regem. «Fol. 2 v°. — Secundus prologus, de Johanne, qui opus transtulit ex arabica in latinam linguam. «Johannes qui transtulit.» Fol. 3. — Incipit liber primus per epistolam Aristotelis ad Alexandrum : « O fili gloriosissime. » Fol. 3 v°.

2° Sunt hic libri 47, ubi etiam de medicina agitur.

Fragmentum cujusdam epistolæ, post quod aliæ epistolæ sequuntur.

3° Epistola Johannis de Capua, sedis apostolicæ notarii, ad Constantinum de Merrone, et uxorem ejus. Consolatur eos de morte filii. «Dilectis in Christo, etc. Præ cunctis. » Fol. 59 v°.

4° Epistola Friderici imperatoris ad regem Francorum. Conqueritur de excommunicatione lata contra ipsum in Lugdunensi concilio, etc. « Et si causæ nostræ. » Fol. 59 v°.

5° Epistola Johannis de Capua ad Constantinum de Merrone : congratulatur ipsi de nova adepta dignitate. «Cognato. . . Tuæ novæ dignitatis.» Fol. 60.

6° Friderici imperatoris epistola ad Guillelmum de Tocco, notarium apostolicum, ad munus suum fideliter obeundum. «Quia a nostris olim.» Fol. 61 v°.

7° Mandatum Caroli, Siciliæ regis, ad justitiarios, etc., contra eos qui Conradini, Friderici imperatoris nepotis, partes tuebantur. «Carolus. . . Misericordiam et non judicium volentes.» Fol. 61 v°.

8° Epistola regis Franciæ ad Fridericum imperatorem. Petit ab eo auxilium contra infideles, a quibus victus fuerat. «Peccatorum perflante procella.» Fol. 62.

9° Vita sancti Albani. «Erat olim in partibus aquilonis.» Fol. 63.

10° Constitutiones habitæ et initæ inter Clementem papam IIII et Carolum, regem Siciliæ, Romæ in basilica Sancti Salvatoris Constantina, ante altare ipsius, quarto calendas julii, anno 1255. «Excellenti et magnifico principi domino.» Fol. 67.

11° Epistola imperatoris ad papam, a quo fuerat excommunicatus. «Collegerunt pontifices.» Fol. 76.

11° bis. Ejusdem ad cardinales de eadem sententia excommunicationis. «Cum sit Christus.» Fol. 77 v°.

12° Ejusdem reprehensio contra justitiarium, qui remisse suum officium implebat. «Ut justorun et delinquentium.» Fol. 78 v°.

13° Excusatio ipsius ad imperatorem. «Debita reverentia majestatis.» Fol. 79 v°.

Codex in quarto seu folio minori, variis manibus conscriptus, annorum circiter 400.

Entre les caractères distinctifs du ms. latin 6584, je ferai remarquer trois particularités qui sont très clairement indiquées dans le travail des bénédictins :

1° Le manuscrit est l'œuvre de plusieurs copistes.

2° Les constitutions arrêtées en 1255 entre Clément IV et Charles d'Anjou y occupent dix pages.

3° Ces constitutions y sont suivies d'une lettre de l'empereur au pape, commençant par les mots : « Collegerunt pontifices ».

Ces trois conditions sont parfaitement remplies par le ms. 210 de M. Barrois, qui d'ailleurs s'ouvre par une copie du *Secretum secretorum* :

CCX. — 1. Liber nuncupatus Secretum secretorum Aristotelis ad Alexandrum. (Opus supposititium, per Philippum clericum translatum.)

A la fin sont des notes en latin, sur l'influence des signes du zodiaque, d'une main plus récente.

2. Constitutiones habite et inite inter dominum Clementum (*sic*) summum pontificem papam IIII, et dominum nostrum Karolum, regem Sicilie, 1255. Fol. 37.

3. Epistola quam misit imperator (Fredericus I?) ad papam (Alexandrum III?) qui excommunicavit eum. Fol. 46. D'une main plus récente. Commence : « Collegerunt pontifices et pharisei consilium in unum et adversus Romanum principem Christum dominum ».

Manuscrit du xvᵉ siècle. Sur vélin. In-quarto. 47 feuillets. A la fin on lit d'une écriture du xvᵉ siècle : « Iste liber pertinet ad me dominum Karolum Lebaud, si quis invenit eum mihi reportet ».

Reliure moderne en maroquin vert. Dorure.

Le ms. 210 de M. Barrois répond donc évidemment aux articles 1, 10 et 11 de notre ms. latin 6584. J'ai retrouvé avec non moins de certitude l'article 2 du même manuscrit, dans le n° 207 de M. Barrois. En effet, ce deuxième article était une copie du traité de Jordanus Rufus, qui, réunie au Secret des secrets, remplissait les 58 premiers feuillets du volume. Or, le n° 207 est un exemplaire du traité de Jordanus Rufus en 22 feuillets, et si à ces 22 feuillets nous ajoutons les 36 feuillets que le Secret des secrets occupe dans le n° 210, nous aurons exactement les 58 premiers feuillets du ms. 6584 :

CCVII. — De doctrina, custodia et medicina equorum. — Lib. (cap.) I : De doctrina

equorum. Cum inter cetera animalia. — Lib. (cap.) XLVIII : De inclavaturis equi. —
A la fin de ce chapitre, au fol. 19 v°, sont les lignes suivantes :

> Suscipiat h'c'am' h'n'r'm militis agn'i.
> Est eq° doctrina custodia et medicina.
> Hoc egit inmensis studiis milex Calabrensis,
> Qui bene cunctorum sciverat medicinas equorum.

Viennent ensuite plusieurs chapitres sur la même matière.
Manuscrit du xv° siècle. Sur vélin. In-quarto. 22 feuillets.
Reliure moderne en maroquin vert. Dorure.

Deux autres cahiers du ms. latin 6584 sont entrés dans la composition du n° 564 de M. Barrois. En tête de ce dernier volume, qui est relié
comme les n°ˢ 207 et 210, c'est-à-dire en maroquin vert avec dorure, on
remarque :

1° De ortu infelici et vita Albani, regis Hungariæ. 4 feuillets de parchemin.

2° Epistolæ quædam : Friderici, Romanorum imperatoris; Karoli, regis Siciliæ; Johannis de Capua; regis Franciæ imperatori Frederico. 4 feuillets de parchemin.

Les quatre feuillets contenant la vie du roi Alban sont incontestablement
les feuillets 63 à 66 du ms. latin 6584, et les quatre feuillets remplis
par les lettres de Frédéric, de Charles d'Anjou, de Jean de Capoue et
de saint Louis sont les feuillets 59 à 62 du même manuscrit.

Ainsi, s'il fallait rétablir le ms. latin 6584 dans son état primitif,
il faudrait ranger dans l'ordre suivant les feuillets des mss. 207, 210 et 564
de M. Barrois :

1° N° 210, fol. 1 à 36.
2° N° 207.
3° N° 564, deuxième partie.
4° N° 564, première partie.
5° N° 210, fol. 37 à 47.

IV

Les bénédictins ont décrit dans les termes suivants le manuscrit qui de
leur temps était classé sous le n° 6079 et qui a depuis formé le n° 8728 du
fonds latin :

1° De litteris Hebræorum per Moysen datis. — « Scribunt autem versus. »

9

2° Hygini fabularum astronomicon. — « Et si te studio grammaticæ. » Fol. 1 v°.

3° Aphorismus syderum cujusdam periti astronomi. — « Duos extremi vertices. » Fol. 47.

4° Beati Hieronymi vita. — « Pridie kalendas octobris apud Bethleem. » Fol. 48 v°.

5° Rabanus de septuagesima, sexagesima, quinquagesima et quadragesima. — « De septuagesima quoque. » Fol. 5o.

In quarto, annorum 700[1].

Le ms. latin 8728 a disparu. Les quarante-six premiers feuillets, renfermant l'ouvrage d'Hygin, avec la note sur les caractères hébraïques, sont passés dans la collection de M. Barrois :

CCXXVI. — C. Julii Hygini Astronomica. L'ouvrage commence au verso du fol. 1 : « Hyginus M. Fabio plurimum salutem ». Le recto est occupé par une courte notice : « De litteris Hebræorum per Moysen datis ».

Manuscrit du ix° siècle. Sur vélin. In-quarto. 46 feuillets.

Au haut de la seconde page est écrit : « Liber Sancti Remigii Remensis, vol. vii" et vii ». — Reliure en veau vert.

V

Le ms. latin 6812 (jadis 5204) a subi le même sort que le n° 8728. Il a été coupé en deux morceaux, et les cinquante-six premiers feuillets, renfermant l'ouvrage de Solin, ont été portés dans la collection de M. Barrois. Ce qui le démontre, c'est la notice suivante, extraite du catalogue des bénédict ns :

Solinus, de mirabilibus mundi, seu de lapidibus et animalibus. Fol. 1.
Anonymi tractatus de medicina. Fol. 57.
Codex annorum circiter 4oo. In folio minori.

De cette notice je rapproche la description du ms. 89 de M. Barrois :

C. Julius Solinus, de mirabilibus mundi.
Manuscrit du xiii° siècle. Sur vélin. Petit in-folio. 56 feuillets.
Reliure en veau.

Ces deux notices doivent se rapporter à un seul et même manuscrit de

---

[1] Le catalogue imprimé porte : « Is codex sæculo decimo videtur exaratus ».

Solin : car on ne peut guère supposer qu'il ait existé deux exemplaires de Solin copiés au xiiie siècle de façon à remplir l'un et l'autre cinquante-six feuillets de parchemin.

VI

La Bibliothèque impériale ne possède plus le ms. 685 du fonds latin. L'absence en a été constatée en 1848. Nul doute que ce ne soit un manuscrit que possède aujourd'hui lord Ashburnham, et qui est ainsi décrit dans le catalogue du fonds de M. Barrois :

LXV. — Sententiæ (Richardi de Sancto Victore) super Apocalypsim, cum prologis.
Manuscrit du xive siècle. Sur parchemin. Petit in-folio. 113 feuillets.
Belle reliure ancienne, en maroquin rouge, avec des compartiments ovales jaunes sur chacun des plats, aux armes, devises et monogrammes de Henri II et de Diane de Poitiers.

Je rapproche de cette notice l'article qui est consacré au ms. latin 685 dans notre catalogue imprimé en 1744 :

Codex membranaceus, quo continetur anonymi commentarius in Apocalypsim. Is codex decimo tertio sæculo exaratus videtur.

Il n'y a pas là de détails suffisants pour nous autoriser à identifier notre ms. latin 685 avec le ms. 65 de M. Barrois. Heureusement le catalogue rédigé par les bénédictins, à la fin du xviie siècle, est plus explicite que le catalogue publié en 1744. Voici dans quels termes le volume dont nous nous occupons, et qui, avant de recevoir le n° 685, portait à la Bibliothèque du roi le n° 4155, a été décrit par les bénédictins :

Anonymi (forte Richardi a Sancto Victore) commentarius seu sententiarum liber in Apocalypsim, cujus prologus sic incipit : « Accipe, charissime frater, et hoc sententiarum munus, etc. ». Codex annorum 400. In folio minori.

Cette description répond exactement à celle que nous avons du traité contenu dans le ms. 65 de M. Barrois; mais pour déclarer que le manuscrit dont la Bibliothèque impériale a été dépouillée est bien le même que le manuscrit possédé par lord Ashburnham, il faudrait savoir s'il était, comme celui-ci, orné d'une reliure au chiffre de Henri II. C'est une circonstance dont Boivin a pris soin de nous instruire. A la page 315 des Mémoires pour l'histoire de la Bibliothèque du roi, il cite le ms. 4155 parmi ceux qui étaient «reliés aux armes et aux emblèmes de Henri II»; il ajoute que le ms. 4155 était coté LVIII, c'est-à-dire, si je ne me trompe, que le relieur avait imprimé ce chiffre en or à l'extérieur et dans l'angle droit du premier des plats de la couverture. Je ne doute pas que, si la reliure du ms. n° 65 de M. Barrois a été bien conservée, le chiffre LVIII ne puisse se lire à la place que j'indique, et je suis persuadé qu'en regardant de près les premiers feuillets de ce même volume, on y distinguera la trace des n° 585, 4155 et 1542 sous lesquels il a été successivement conservé à la Bibliothèque du roi.

<h1 style="text-align:center">VII</h1>

J'extrais du catalogue imprimé en 1744 l'énumération des morceaux contenus dans le ms. latin 2851 :

Codex membranaceus, in quarto, olim Colbertinus.
Ibi continentur :

1° Sancti Augustini, sive potius Alcuini, epistola ad quemdam comitem.
2° Sancti Athanasii, episcopi Alexandrini, liber de imagine Dei.
3° Excerpta ex dialogis sancti Gregorii papæ.
4° Anonymi tractatus de fuga vitiorum.
5° Sermones magistri Nicolai de Tornaco.
6° Anonymi tractatus de septem vitiis capitalibus et de virtutibus.
7° Anonymi sermones varii.

Is codex sæculo decimo quarto exaratus videtur.

Ce manuscrit, avant d'arriver à la Bibliothèque du roi, faisait partie de la bibliothèque de Colbert, et avait été décrit par Baluze, dont la notice est à peu près conçue dans les mêmes termes que la notice qui vient d'être rapportée. La seule différence à signaler, c'est qu'au n° 3 Baluze, au lieu de mentionner des extraits de saint Grégoire, indique : « Visio sancti Pauli ». C'est là une particularité qui nous aidera à reconnaître le ms. 2851, dont nous avons été dépouillés.

Je ne doute pas que ce manuscrit ne soit représenté par les trois plaquettes qui sont dans la collection de M. Barrois, sous les n° 334, 286 et 287. Le n° 334 répond aux trois premiers articles du ms. 2851; le n° 286, au quatrième; le n° 287, au cinquième, au sixième et au septième. On en peut juger par les notices du catalogue de lord Ashburnham :

CCCXXXIV. — 1. S. Augustini ad comitem Julianum sermo de amore Dei.

2. Sermo Athanasii de ymagine Dei. Fol. 28 v°.

3. Narratio de quodam Servio , ex Gregorio. Fol. 32. — « Fuit quidam Servius nomine quem sancta scriptura vobis narrat. »

4. Alia narratio ex Gregorio. Fol. 33. — « Quidam vir nobilis in Valeria provincia nomine Crisaurius fuit. »

5. Visio sancti Pauli. Fol. 34. — « Placuit itaque Deo ut isdem Paulus per Micahelem archangelum. »

Manuscrit du xɪ° siècle. Sur vélin. Petit in-quarto. 39 feuillets.

Reliure en maroquin fauve.

CCLXXXVI. — Sermones ccʟɪ de vitiis, de virtutibus et de officiis. I. De vɪɪ vitiis generaliter. — « Septem sunt vitia capitalia de quibus quinque sunt spiritualia , duo autem carnalia. »

ccʟɪ. De unitate. — « Solliciti sitis servare unitatem. »

Manuscrit du xɪv° siècle. Sur vélin. In-quarto. 59 feuillets. Écrit à deux colonnes.

Reliure en maroquin orange.

CCLXXXVII. — 1. Sermones magistri Nicholai de Tornaco. — « Potestis bibere calicem quem ego bibiturus sum. »

2. Tractatus de officiis predicatoris. Fol. 8. — « Vidit Jacob scalam a terra usque ad celum attingentem, per quam ascendebant et descendebant angeli. »

3. Sermones varii. Fol. 16.

A la fin sont trois feuilles contenant des citations de l'Écriture.

Manuscrit du xɪv° siècle. Sur vélin. In-quarto. 44 feuillets. En partie écrit sur deux colonnes.

Reliure en maroquin orange.

VIII

Depuis une vingtaine d'années, plusieurs des savants qui s'occupent de l'histoire de la poésie latine au moyen âge[1] ont désiré consulter le ms. latin 3718; ils auraient voulu y étudier différentes pièces dont aucun autre

---

[1] M. Édélestan du Méril demanda inutilement en décembre 1845 le manuscrit dont il va être question.

exemplaire n'est connu, et qui sont brièvement indiquées dans l'article suivant du catalogue imprimé en 1744 :

Codex membranaceus, in octavo, olim Philippi Drouin. Ibi continentur :

1° Anonymi tractatus de vitiis, initium desideratur.

2° Magistri Droconis de Altovillari, canonici Remensis, adhortatio ad virtutem, versibus scripta[1].

3° Amelii et Amici vita, versibus hexametris conscripta.

4° Poema quod author ipse vult appellari Carotellum (sic): videtur autem illud poema esse chronicum Turpini, versibus redditum.

5° Poema cujus titulus : Urbanus; videntur autem esse præcepta ad sanitatem.

6° Discussio litis super hæreditate Lazari et Mariæ Magdalenæ, sororis ejus; videlicet quis eorum debeat habere hæreditatem; versibus rythmicis.

7° Versiculi de natura animalium.

8° Summula pœnitentiæ versificata compendiose.

9° Versiculi de proprietate feminarum.

10° Versus magistri Serlonis[2].

Is codex decimo quarto sæculo exaratus videtur.

Le ms. 3718 a été mis à profit par dom Brial, qui a publié[3] en 1820 l'analyse détaillée des poésies de Serlon contenues dans ce volume. Plus récemment, en 1839, M. Francisque Michel[4] tirait du même manuscrit les quarante-huit premiers vers de la vie latine d'Amis et d'Amille.

Peu de temps après la publication de M. Francisque Michel, le ms. 3718 était volé à la Bibliothèque du roi, et coupé en quatre morceaux, dont trois sont entrés dans la collection de M. Barrois. On les reconnaît sans hésitation en lisant les trois articles suivants du catalogue de lord Ashburnham :

CCLX. — 1. Magistri Droconis de Alto Villari, canonici Remensis, poemata.

Sur le premier feuillet est une miniature représentant le crucifiement. Au recto du

---

[1] La Bibliothèque nationale ne possède point d'autres ouvrages de Dreu de Hautvillers, poète et jurisconsulte du temps de saint Louis, qui n'a pas d'article dans l'*Hist. litt. de la France*, et dont M. Varin a fait connaître un ouvrage fort intéressant dans les *Archives législ. de la ville de Reims*, 1re part., *Coutumes*, p. 347 et suiv. Il y a aussi des poésies de Dreu de Hautvillers dans le ms. 501 de la ville de Tours; voyez le catalogue de M. Dorange, p. 170.

[2] D. Brial, *Hist. litt.*, XV, VI, dit qu'en tête de ces vers on lisait ce titre presque effacé : « Incipiunt versus magistri Serlonis de diversis modis versificandi, utiles cuique versificatori ».

[3] *Hist. litt.*, XV, VI.

[4] *Théâtre français au moyen âge*, p. 217.

second est une partie du psaume CXIX : « Letabor ego super eloquia tua ». Le premier poème commence au verso du même feuillet, avec la rubrique : « Beati qui esuriunt et sitiunt justiciam ».

> Justicie vivas cultor, atque criminis ultor,
> Ve tibi qui laudas indignos, impatientes,
> Iram, nequitiam, fastum, virusque tenentes.

Finit :

> Qui, pius et clemens et justus, verba bonorum
> Exaudis merito, convertas corda maiorum,
> Ut mundi fiant a labe mala viciorum.

De inferno et de die judicii.

> Ut baratrum fugias, dirige, queso, vias,
> Est locus horroris, tenebrosus fonsque doloris.

Finit :

> Respuit omne bonum celesteque nobile donum ;
> Nunc necis esse reum nos reputemus eum.

Contra avaros.

> Dic, homo, cur parcis? Cur marchas ponis in archis?
> Etc.

De prelatis.

> Nostri prelati viventes more Pilati.
> Etc.

De miseria paupertatis.

> Sunt inopes miseri, quorum status hic misereri.

A la fin de cette pièce on lit: « Explicit tractatus magistri Droconis de Alto Villari, canonici Remensis ».

Epytafium super tumulam ejus.

> Vermibus expositus, in versificando peritus,
> Mortuus emeritus en ibi Droco situs ;
> Juris civilis professor, dum juvenilis
> Hunc etas regeret ; modo terre pulvis adheret.
> Huic Moyses et Aristotiles et Justinianus
> Quondam viventi patuerunt et Gratianus.

Item, idem magister Droco in principio sui tractatus dicit hos versus contra curam habentes :

> Ve tibi cui cura gregis est commissa, nec audes
> Vera loqui, metuisque malos, nec corrigis horum
> Excessus, vitiis comes et nutrix viciorum.

Contentio cordis et oculi.

Quisquis cordis et oculi non sentit in se jurgia,
Non novit quod sint stimuli que culpe seminaria;
Causam nescit periculi cur alternant convicia,
Cur procaces atque emuli replicant in se vicia.

Septem sunt sacramenta ecclesie, etc.

Au bas de chaque page sont des vers sur divers sujets, d'une main un peu plus récente.

2. Discussio litis super hereditate Lazari et Marie Magdalene, sororis ejus, videlicet quis eorum debeat habere eorum hereditatem. (Et alia, eodem autore?) Fol. 12.

MAGDALENA.

Salve, cultor Salvatoris,
Rex, celeste vas honoris,
Princeps Jherosolime.

LAZARUS.

Fulgens intus atque foris,
Litem fratris et sororis,
Equa lance dirime.

MAGDALENA.

Ave, judex, rex serene,
Timor gentis sarracene,
Digne rex imperio.
Audi verbum Magdalene,
Rationis frenum tene,
Jure censens previo.

LAZARUS.

Mortis ab imperio[1]
Revocatus munere dio,

Fin :

JUDEX.

Non de juris ordine,
Sed de plenitudine
Nostre potestatis,

Ad placitum venio,
Nec placitare scio.

MAGDALENA.

Cum jus ignorem,
Pudor est vexare sororem.
Rem facis indecorem,
Nec monstras fratris amorem.

LAZARUS.

Per defunctum genitorem,
Ad nos duos juxta morem,
Devenit hereditas.
Sed tu tanquam nichil forem,
Michi claudis juris forem,
Jus auferre cogitas.

MAGDALENA.

Digna res est et equalis
Quod det vita temporalis
Bona temporalia.

Lazaro cum partimus,
Dispensando reddimus
Res hereditatis.
Causa pietatis
Ejus egestatis.

Vita Magdalene sub compendio. — De statura leonis et proprietate ejus. — De natura tygridis. — De pardo. — De panthera. — De unicorne. — De lince. — De unicorne (rinocerote). — De gryfibus. — De elephanta.

_____
[1] Ces paroles de Lazare forment un hexamètre et un pentamètre.

3. Summa penitentie versificata compendiose. Fol. 17.

> Peniteas cito, precor, cum sit miserator
> Judex, et sunt hec quinque tenenda tibi :
> Spes venie, cor contritum, confessio culpe,
> Pena satisfaciens, et fuga nequitie[1].

4. De proprietate feminarum (et alia). Fol. 18.

> Arbore sub quadam, dictavit clericus Adam,
> Quomodo primus Adam procreavit in arbore quadam.
> Femina vicit Adam, victus fuit arbore quadam,
> Femina serpenti mox credidit alta loquenti,
> Femina deceptos sapientes reddit ineptos ;
> Femina te, David, et te, Salomon, superavit.

Nomina trium regum et oblationes quas Domino obtulerunt. — De temporibus minu-tionum. — De quatuor temporibus anni. — De numero aureo.

5. Sermo de virtutibus et vitiis. Fol. 19. — « Augustinus : pro mero repletur, siccitas aceto inebriatur, felli dulcedo additur, innocentia pro reo moritur, etc. »

Manuscrit du XIV° siècle. Sur vélin. Petit in-quarto. 27 feuillets.
Reliure en maroquin bleu.

CCXXXVI. — 1. Karolellus. (Sive vita Caroli magni versibus confecta ex historia Jo-hanni Turpino, archiepiscopo Remensi, adscripta.) Commence :

> Christe, Dei virtus, verbum patris, hostia vera,
> Auxilium mendico tuum, sapientia summa ;
> Auspicium dignare meo conferre labori.
> Nam velut ignarus a te deposco doceri.
> Tempore Pipini, Francorum principis, ortus
> Est puer in castro Bericano germine clarus.

Finit ainsi au fol. 53 :

> Quumque[2] descripsi breviter tam nobile bellum,
> Septima postremum concludat meta libellum.
> Quoniam gesta refert[3] Karoli brevis iste libellus,
> Imponatur ei proprium nomen Karolellus.
> Explicit iste liber. Sit ab omni crimine liber
> Atque[4] videat Christum qui librum legerit istum[5].

---

[1] Voy. plus loin, notice XIV, la description du ms. 254 de M. Barrois, qui paraît contenir une pièce analogue.

[2] Un manuscrit du Musée britannique, cité par M. Francisque Michel, porte : « Et quia ».

[3] On lit dans le manuscrit du Musée bri-tannique : « Et quia gesta tenet ».

[4] La mesure demande : « Et ».

[5] Sur le Karolellus, voy. la dissertation de M. Gaston Paris, De pseudo Turpino, p. 64.

2. Liber qui vocatur Urbanus (de sanitate tuenda). Item de eodem libro versus. Commence :

> Sit porcina recens caro prestita fleubotomato,
> Carnes pullorum gallinarumque fabeque.

Manuscrit du xiv° siècle. Sur vélin. Petit in-quarto. 55 feuillets.
Reliure en maroquin brun.

CCXLV. — Versus magistri Serlonis de diversis modis versificandi, utiles valde cuique versificatori.

Manuscrit du xii° siècle. Sur vélin. Petit in-quarto. 6 feuillets.
Reliure en maroquin bleu foncé.

D'après ce qui précède, je propose de reconstituer comme il suit le ms. latin 3718 de la Bibliothèque impériale :

ms. 3718.	COLLECTION de M. Barrois.
1. Sur les vices.........................	N° 260, fol. 19.
2. Poésies de Dreu de Hautvillers............	— fol. 1.
3. Vie d'Amis et d'Amille.................	?
4. Turpin en vers latins...................	N° 236, fol. 1.
5. Poème intitulé Urbanus................	— fol. 54.
6. Drame sur Lazare et Marie Madeleine........	N° 260, fol. 12.
7. Vers sur la nature des animaux............	— fol. 15 ou 16.
8. Somme sur la pénitence................	— fol. 17.
9. Vers sur les femmes..................	— fol. 18.
10. Vers de Serlon......................	N° 245.

IX

Le ms. latin 4761 est décrit d'une façon très vague dans le catalogue imprimé en 1744 :

Codex membranaceus, in quarto, olim Philiberti de La Mare. Ibi continentur :

1° Caroli magni et Ludovici Pii imperatorum capitularia, ab Ansegiso, abbate, collecta et in quatuor libros distributa.

2° Excerpta ex eorumdem imperatorum capitularibus.

3° Varia capitula Caroli Calvi, Francorum regis.

4° Capitulare Ludovici Pii, imperatoris, anno regni sui xvi.

Is codex nono sæculo videtur exaratus.

M. Pertz, dans le premier volume des *Leges*[1], publié en 1835, a donné du même manuscrit une notice très complète et très exacte :

Codex regius Parisiensis n° 4761, olim Philiberti de La Mare Divionensis, seculi x (Tab. V, 4), post Ansegisum[2], « Capitula a domno Karolo imperatore et filio ejus Hludowico ac sapientissimis eorum episcopis excerta », scilicet excerpta librorum Benedicti I, II, III, a Balusio, p. 519, pro genuinis Karoli Magni capitulis perperam habita, nec tamen anno alicui adsignata; tum capitularia 175, 213, 218, 103, 140 a, 145 a b, 146, 141 a ; capitula quædam Benedicti libris excerpta; 242, 244, 109.

La description de M. Pertz ne peut être comprise qu'en ayant sous les yeux le premier volume des *Leges*. J'y joindrai donc, sous une forme facile à saisir, l'indication des morceaux que renferme notre ms. 4761 :

1. Ansegisi libri IV. (Pertz, *Leges*, I, 271.)
2. Ad Ansegisi collectionem appendix I. « Capitula domni Karoli imperatoris ecclesiastica. » (Pertz, I, 321.)
3. Ad eamdem collectionem appendix II. « Capitula domni Karoli imperatoris mundana quæ suprascriptam videntur haberecausam. »
4. Ad eamdem collectionem appendix III. « Capitula principum clarissimorum, ecclesiastica simul et mundana, domni Hludowici et Clotharii Cæsaris quæ suprascriptam videntur habere rationem. » (Pertz, I, 324.)
5. Capitula a domno Carolo imperatore et filio ejus Hludowico ac sapientissimis eorum episcopis excerta. « De commutationibus. » (Baluze, I, 519.)
6. Capitula a domno Karolo et filio ejus Hludowico ac sapientissimis ipsorum episcopis excerta. « De his qui putaverunt. » (Baluze, I, 523.)
7. Capitulare missorum. Ista capitula constituta sunt a domno Karolo in synodo apud Suessionis civitatem in monasterio Sancti Medardi anno 853, in mense aprili. (Pertz, I, 418.)
8. Karoli II synodus Pistensis, an. 862. (Pertz, I, 477.)
9. Karoli capitula missis data, an. 865. (Pertz, I, 501.)
10. Capitulare Aquisgranense, an. 813. (Pertz, I, 187.)
11. Constitutio de conventibus archiepiscoporum habendis. Capitula a piissimo Hludowico edita, an. 828. (Pertz, I, 327.)
12. Capitularia Wormatiensia, an. 829. (Pertz, I, 349.)
13. Capitula pro lege habenda. (Pertz, I, 353.)
14. Constitutio de missis ablegandis. (Pertz, I, 328.)
15. Capitula quædam e Benedicti libris excerpta.
16. Capitulare recitatum 16 jun. 877 apud Carisiacum. (Pertz, I, 541.)

---

[1] Page xxxii. — [2] Ce que M. Pertz dit à la page 268 prouve que, dans le ms. 4761, les quatre livres d'Ansegise étaient suivis des trois appendices.

17. Petitio episcoporum et promissio regis, an. 877. (Pertz, I, 543.)

18. Capitula monachorum. (Pertz, I, 200.)

De cette table rapprochons la notice des mss. 146 et 73 de M. Barrois :

CXLVI. — 1. Karoli Magni, Hludowici et Hlotharii imperatorum capitularia, ab Ansegiso, abbate Fontanellensi, collecta in libris V. — Au commencement sont les vers suivants, qui maintenant sont en partie effacés :

> Legiloquum quisquis librum recitaveris istum,
> Principibus nostris, dic, miserere Deus ;
> Legem namque bonam dictarunt mente benigna,
> Quapropter pro ipsis quæso precare Deum.

Les quatre premiers livres sont en général conformes à l'édition donnée dans les *Monumenta Germaniæ historica,* tom. III, *Legum* 1, pag. 271, sqq. Le cinquième livre se compose de :

1° Capitula domni Karoli imperatoris ecclesiastica. Imprimé dans les *Monumenta,* comme premier appendice au livre IV.

2° Item capitula domni Karoli imperatoris mundana quæ suprascriptam videntur habere causam. Imprimé comme appendice II au livre IV.

3° Item capitula principum clarissimorum, ecclesiastica simul et mundana, domni Hludouvici et Clotharii Cæsaris quæ suprascriptam videntur habere rationem. Imprimé comme appendice III au livre IV, mais seulement jusqu'aux mots : « dare precipiant », avec lesquels finit la collection d'Ansegise, contenue dans le présent volume.

4° Capitula a domno Karolo imperatore et filio ejus Hludouvico ac sapientissimis ipsorum episcopis excer(p)ta. En voici les rubriques :

« De commutationibus utilibus permanendis inutilibusque delendis. — De illis qui res ecclesiæ tenent. — Quod res ecclesiarum votas in fidelium prætia peccatorum et patrimonia pauperum quibus non solum collata conservanda sed etiam augenda sunt. — De prædiis Deo dicatis. — De his qui fidelium oblationes auferunt vel vastant, aut sine proprii episcopi concessione dant aut accipiunt. — De privilegiis ecclesiarum aut clericorum non corrumpendis. — De privilegiis ecclesiarum. — Quod sacrilegium sit ecclesiæ aliquid auferre aut sacerdotibus vel ministris aut ipsos... injuriam inferre. » — C'est apparemment la dernière rubrique du livre V.

Suivent d'autres rubriques en tête desquelles il n'y a pas de titre général : « Quod hii qui prædia ecclesiastica diripiunt vel vastant sacrilegi sint exilioque dampnandi. — Quod prædones ecclesiæ sacrilegi sint sicut scripture testimonio conprobatur. — Quod ea que Domino consecrantur ad jus ecclesiasticum pertineant. — Quod omnia quæ Deo offeruntur procul dubio et consecrantur. — Ut ecclesiarum privilegia vel facultates sive quicquid ad easdem pertinet nullus invadere præsumat. — Quod homicide ante Deum deputentur qui res ecclesiæ vastant ».

Capitula a domno Karolo imperatore et filio ejus Hludouvico ac sapientissimis ipsorum episcopis excer(p)ta.

Rubriques : « De his qui putaverunt idcirco preceptum fuisse non ire ad pugnam sacer dotes ut honor eis minueretur. — De sceleribus nefandis ob quæ regna percussa sunt ut pœnetus caveantur. — De rebus ecclesiasticis absque jussione proprii episcopi non dandis. — De his qui res ecclesiæ a principibus petunt ut irrita habeantur quæ optinent et ipsi communione priventur. — Ut hi qui res ecclesiæ invadunt, vastant vel diripiunt, si monente episcopo non se correxerint, communione priventur.

« De his que a prioribus principibus circa ecclesiarum utilitates sunt ordinata ut immota permaneant. — Ut ab ecclesiæ societate extorris habeatur quicumque ejus rebus dampnum intulerit. — De privilegiis ecclesiarum inlibate servandis. — De rebus ecclesiæ a nullo injuste retentandis vel diripiendis. — Ut ecclesiastica jura semper inlibata permaneant. — De ecclesiis et dotibus earum ut ad episcopi semper dispositionem pertineant. — De his quæ ab antecessoribus nostris circa cultum divinum statuta fuerunt ut semper inlibata permaneant. — Qualiter hæc statuta servanda sint, et de his qui hæc contempnunt sive clericis sive laicis quid agendum sit. »

2. Capitula (missorum) Karoli regis, filii Hludouvici (constituta in synodo apud Suessionis civitatem in monasterio Sancti Medardi anno 853). — Imprimé dans les *Monumenta*, tom. III, *Legum* 1, pag. 418-420.

Manuscrit du x⁰ siècle. Sur vélin. In-quarto. 100 feuillets.
Reliure en maroquin rouge.
Très beau manuscrit, dont quelques parties paraissent inédites.

LXXIII. — Capitularia ecclesiastica. Contenant :

1. Karoli II Synodus Pistensis anni 862.
2. Karoli II Capitula Missis data anno 865. Fol. 11.
3. Caroli Magni capitulare Aquisgranense anni 813. Fol. 15 v°.
4. Hludovici constitutio anni 828, de conventibus archiepiscoporum habendis. Fol. 18 v°.
5. Hludovici et Hlotharii capitularia Wormatiensia anni 829.

Manuscrit du x⁰ siècle. Sur vélin. In-quarto. 26 feuillets.
Reliure en maroquin orange.

On ne peut comparer la table de notre ms. latin 4761 avec la notice des mss. 146 et 73 de M. Barrois sans reconnaître que le ms. 4761, après avoir été volé à la Bibliothèque du roi, a été coupé en trois morceaux : le premier renfermant les articles 1-7, le deuxième les articles 8-12, et le troisième les articles 13-18. Les deux premiers forment aujourd'hui les nᵒˢ 146 et 73 du fonds de M. Barrois; le sort du troisième est inconnu.

X

La Bibliothèque a perdu un exemplaire de la Loi salique, qui avait appartenu à Colbert (n° 6631) et qui portait le n° 4789 dans le fonds latin :

Codex membranaceus, in octavo, olim Colbertinus. Ibi continetur liber Legis salicæ. Is codex undecimo sæculo videtur exaratus.

M. Pardessus, qui emprunta ce manuscrit le 23 juillet 1839 et qui le rendit le 25 du même mois, nous apprend[1] qu'il ne contenait « que la Loi salique en 70 titres ».

Le 25 novembre de l'année suivante, M. Barrois achetait, pour une somme de 150 francs, un manuscrit de la Loi salique, en 70 titres, de format in-octavo, relié en maroquin rouge aux armes du roi. C'était sans aucun doute notre ms. latin 4789.

M. Pardessus ne tarda pas à avoir communication du volume que M. Barrois venait d'acquérir : il le signala en ces termes dans l'édition de la Loi salique qui parut en 1843 :

Manuscrit de Saint-Remy de Reims, appartenant à M. Barrois. C'est un in-octavo en parchemin, petit format, belle écriture du x° siècle. Il ne contient pas d'autres documents que la Loi salique, en 70 titres, sans gloses malbergiques; c'est sans aucun doute une Lex emendata. A la suite du texte est l'index des rubriques, dont un assez grand nombre est indiqué seulement par le chiffre. Au verso du dernier feuillet se trouve, d'une main assez moderne, la prière de l'Église pour la paix : « Deus a quo sancta desideria ». Ce manuscrit est remarquable en ce que, partout où on avait écrit *mannire, mannitio*, le *m* a été gratté ou corrigé pour être changé en *b*. Au haut du premier feuillet on lit en rouge et en écriture du xii° siècle les mots SANCTI REMIGII REMENSIS[2].

Dans cette description, M. Pardessus a négligé de mentionner la reliure aux armes du roi; c'est une lacune qui se trouve comblée dans la notice consacrée au même manuscrit par l'auteur du catalogue de la collection de M. Barrois :

CCI. — Incipit liber Legis salicæ. — Ce manuscrit diffère souvent du texte imprimé par Canciani. Après le chapitre LXIIII : « De compositione homicidii » (cap. LXV de Canciani), la rubrique du chapitre suivant « De homine in hoste occiso » a été effacée au bas

---

[1] *Loi salique*, p. xxiv. — [2] *Loi salique*, p. xl.

de la page, et les deux feuillets qui devaient suivre paraissent manquer. Le premier feuillet suivant commence par les mots : « denarii qui faciunt sol. xLv culpabilis judicetur », qui sont au milieu du chap. LxIx, dans l'édition de Canciani. Le chapitre qui suit et qui est le dernier du manuscrit a pour titre : « De eo qui filiam alienam adquisierit et se retraxerit »; il est aujourd'hui coté LxV, mais le chiffre primitif devait être LxVIIII ou Lxx. Au bas de la page on lit : « Explicit liber Legis salicæ », et au verso : « Incipiunt capitula hujus libri ». Cette table, que le copiste avait laissée inachevée, a été complétée d'une main plus récente.

Manuscrit du xᵉ siècle. Sur vélin. Petit in-quarto. 6o feuillets.

Au haut de la première page on lit : « Liber Sancti Remigii Remensis, vol. VIIˣˣ et II ».

Reliure en maroquin rouge, aux armes et au chiffre de Louis XIV[1], en or. Le manuscrit n'est cependant pas mentionné dans le « Catalogus manuscriptorum Bibliothecæ regiæ Parisiensis ». M. Barrois l'acheta 150 francs, le 25 novembre 1840.

XI

Les observations de M. Salmon sur la Chronique de Pierre Béchin se terminent par ces mots[2] : « Nous n'avons pu recourir au manuscrit de la bibliothèque du président de Thou, dont se servit Duchesne, parce que nous ignorons sa destinée. Mais nous regrettons surtout le ms. 4999 A, fonds latin de la Bibliothèque impériale, écrit au commencement du xivᵉ siècle[3], et qui contenait la Chronique de Pierre fils de Béchin, depuis la création du monde, avec des additions d'un écrivain inconnu jusqu'à l'année 1199[4]. Ce manuscrit n'a pu jusqu'ici être retrouvé sur les rayons de la Bibliothèque impériale, malgré le zèle mis à le rechercher ».

La destinée des deux manuscrits dont parlait M. Salmon nous est aujourd'hui connue. Le premier, celui du président de Thou, dont s'était servi André Duchesne, est à la Bibliothèque impériale : il y est arrivé comme presque tous les manuscrits du président de Thou, avec le fonds de Colbert. C'est le n° 2825 du fonds latin : on voit encore au commencement les traces

---

[1] C'est, selon toute apparence, une reliure faite sous le règne de Louis XV.

[2] Recueil de chroniques de Touraine (Tours, 1854, in-8°), p. xv.

[3] M. Salmon suit ici l'appréciation de notre catalogue imprimé; mais, selon toute apparence, le ms. 4999 A appartenait au xiiiᵉ siècle; on

sait quelle tendance les auteurs du catalogue imprimé avaient à rajeunir les manuscrits. Voyez plus haut, p. 55.

[4] Ailleurs (p. v), M. Salmon dit en parlant de ces additions : « Nous ne pouvons les publier parce que le manuscrit unique qui les contient est égaré depuis quelques années ».

de la signature de Jacques-Auguste de Thou, dans la bibliothèque duquel ce volume était coté n° 632[1]. M. Salmon a collationné le ms. 2825, sans y reconnaître l'exemplaire qu'André Duchesne avait consulté chez le président de Thou.

Quant au second manuscrit, le n° 4999 A du fonds latin, il a été dérobé à la Bibliothèque et est passé en Angleterre avec la collection de M. Barrois. Le rapprochement suivant ne laisse à cet égard aucune espèce de doute.

Le ms. 4999 A est ainsi décrit dans notre catalogue imprimé :

Codex membranaceus, in quarto, quo continentur :

1° Eusebii et Isidori Hispalensis chronicon, a Petro Bechinni filio productum ad mortem Richardi, regis Anglorum, et annum 1199.

2° Anonymi liber de tribus circumstanciis gestorum, id est, personis, locis et temporibus.

3° Damasi papæ chronicon de summis pontificibus, quod anonymus produxit ad Adrianum I et annum 772.

4° Nomina episcoporum Cenomanensium a Juliano ad Hugonem.

5° Prophetia sibyllæ Tiburtinæ.

6° Gesta Salvatoris, sive evangelium Nicodemi.

7° Libellus Bedæ de locis sanctis, in epitomen contractus.

8° Historia Britonum : authore Galfrido Monemutensi.

Is codex decimo quarto sæculo ineunte videtur exaratus.

Ce manuscrit a été découpé en quatre morceaux : — le premier renfermant la Chronique de Pierre Béchin ; — le deuxième, les opuscules indiqués ci-dessus sous les n°[s] 2, 3, 4 et 5 ; — le troisième, les opuscules indiqués sous les n°[s] 6 et 7 ; — le quatrième, l'histoire de Geoffroi de Monmouth, indiquée sous le n° 8.

Les trois premières de ces coupures se retrouvent dans la collection de M. Barrois, dont elles forment les mss. 251, 244 et 250. La dernière coupure, composée de l'Histoire des Bretons par Geoffroi de Monmouth, a jusqu'à présent échappé à mes recherches. Je copie les descriptions que

---

[1] L'ancien catalogue des manuscrits du président de Thou décrit ainsi ce volume: «Isidorus de figuris rerum gestarum et alia ejusdem. Sancti Benedicti vita. De sancta Menalia. In Cantica canticorum fragmenta. Aratoris quædam. Regum Francorum vitæ. Comitum An-

degavensium nomina. Episcopi Andegavenses. Dies ægyptiaci». Les fragments d'Aratus manquent dans le ms. latin 2825 ; ils ont été enlevés à une époque ancienne, et selon toute apparence avant l'entrée du manuscrit à la Bibliothèque du roi.

nous avons des mss. 251, 244 et 250 de M. Barrois. Il serait superflu d'y joindre aucune observation, pour montrer que ces trois plaquettes sont les débris de notre ms. latin 4999 A :

CCLI. — Chronicon breve a creatione mundi ad annum 1199. — Commence : « Prima etas in exordio sui continet creacionem mundi ». — Finit : « Anno vero m° c° xc° ix° obiit Richardus, rex Anglorum et dux Normannorum, comes Andegavis et Aquitanorum ».

Au verso du fol. 25 est une liste d'historiens, commençant à Trogue Pompée.

Manuscrit du xiii° siècle. Sur vélin. Petit in-quarto. 25 feuillets.

En tête du volume on lit la note suivante : « Cette petite chronique..., dans sa première partie jusqu'à l'an 381, est puisée de la chronique d'Eusèbe et de saint Jérôme. Depuis cela, l'auteur raconte principalement l'histoire des Francs, après Grégoire de Tours et Frédégaire, y joignant très soigneusement le catalogue des papes, avec les années de leur siège. Depuis Pepin le Bref il commence aussi à faire mention des événements en Angleterre, et comme il avance vers son époque, ces récits de l'histoire anglosaxonne et anglo-normande deviennent plus nombreux. L'auteur y joint aussi l'histoire des évêques de Tours et de ce qui concerne l'état de cette diocèse, avec un soin si prononcé que l'on voit bien qu'il a fait lui-même partie du clergé de cette église, ce qui donne un nouveau intérêt à ses notices », etc.

Reliure en maroquin bleu.

CCXLIV. — 1. S. Hieronymi ad Damasum papam liber de vitis pontificum Romanorum.

2. Nomina episcoporum Cenomanice urbis. Fol. 22 v°.

3. Prophecia sibille Tiburtine. (Opusculum venerabili Bedæ adscriptum.) Fol. 23. « Sibille generaliter omnes femine dicuntur. »

4. Incipit liber de tribus circunstantis gestorum, id est, personis, locis, temporibus. Fol. 27.

5. Tabulæ chronologicæ. Fol. 29.

Manuscrit du xiv° siècle. Sur vélin. Petit in-quarto. 50 feuillets.

Reliure en maroquin bleu.

CCL. — 1. In nomine Dei summi incipiunt gesta Salvatoris Domini nostri Jhesu Christi, que invenit Teodosius magnus imperator in Jerusalem in pretorio Poncii Pilati in codicibus publicis. (Aliter evangelium pseudepigraphum Nicodemi.) — Commence : « Factum est in anno nono decimo imperii Tyberii Cesaris ».

2. In hoc codice continetur libellus Bede presbyteri de locis sacris Jerusalem. Fol. 11.

Manuscrit du xiii° siècle. Sur vélin. In-quarto. 18 feuillets.

Reliure en maroquin cramoisi.

XII

Le ms. latin 5667 est ainsi décrit dans le catalogue imprimé en 1742 :

Codex membranaceus, in octavo, olim Colbertinus. Ibi continentur :

1° Vita et translatio beatæ Genovefæ virginis.

2° Miracula ejusdem.

3° Hymnus in laudem ejusdem, versibus rythmicis.

4° La vie de sainte Geneviefve, mise en vers françois à la prière de la dame de Valois, par un nommé Renauz.

5° La vie de madame sainte Geneviefve en françois, proprement selon le latin.

6° Officium in solemnitate beatæ Genovefæ.

Is codex sæculo decimo quarto exaratus videtur.

Ce manuscrit a été volé et coupé en trois morceaux[1]. On peut le rétablir en rapprochant les mss. 180, 179 et 253 du fonds de M. Barrois :

CLXXX. — 1. Vita sanctæ Genovefæ. « III nonas januarii. Tempore quidem quo ad describendam beate virginis Genovefe vitam accessi. »

2. Versus in laudem ejusdem.

> Genovefa flos virginum
> Post matrem lucis luminum.

Manuscrit du XIIIᵉ siècle. Sur vélin. In-octavo. 34 feuillets. Reliure en maroquin vert.

CLXXIX. La vie de sainte Janevieve, en romant, par frère Guérin. Commence :

> Madame de Valois me prie
> Que en romant mete la vie
> D'une sainte qu'ele molt aime
> Janevieve la nome et claime.

---

[1] M. Saint-Yves paraît s'être servi du ms. 5667 pour composer sa *Vie de sainte Geneviève, patronne de Paris*, en un volume in-octavo, qui a été publié en 1845. Voyez Kohler, *Étude critique sur le texte de la vie latine de sainte Geneviève de Paris* (Paris, 1881), p. xxx, note. L'*Étude* de M. Kohler forme le fascicule 48 de la *Bibliothèque de l'École des hautes études*. Les renseignements donnés par MM. Saint-Yves et Kohler fournissent des arguments nouveaux pour montrer que notre ms. latin 5667 a servi à former les mss. 180, 179 et 253 du fonds Barrois. J'ai cru qu'il était superflu de les développer ici.

Finit :

> Frere Guerins qui Dex doint vivre
> En bone oeuvre escrit cest livre
> De sa main, et mena à fin,
> Por l'amor d'un suen ami. Fin.

Manuscrit du xivᵉ siècle. Sur vélin. In-octavo. 61 feuillets.

Reliure en maroquin vert, avec les armes de France sur les plats, pour rappeler que le manuscrit a été à la tour du Louvre. Voy. Barrois, *Biblioth. protypogr.*, p. 57, nº 96.

CCLIII. Ci commence la vie madame sainte Genevieve en françois proprement selonc le latin[1]. Commence : « A tout crestien qui Jhesu Crist et ses sains requiert et honneure, est grand bien et honneur et proufist ». A la fin sont quelques vers commençant ainsi :

> Virge douce, virge benigne,
> Vierge sainte, vierge très digne,
> Vierge franche de France née,
> Vierge de grace enluminée.

Après viennent deux courtes prières.

Manuscrit du xivᵉ siècle. Sur vélin. In-octavo. 16 feuillets.
Reliure en maroquin vert.

Je ne pense pas que l'identité de notre ms. 5667 et des mss. 180, 179 et 253 de M. Barrois soit révoquée en doute. Je dois cependant prévenir une objection : les auteurs de notre catalogue, en mentionnant la vie de sainte Geneviève en vers, disent qu'elle a pour auteur « un nommé Renauz », tandis que le catalogue des manuscrits de M. Barrois annonce une vie de sainte Geneviève composée par « frère Guérin ». Il est facile de concilier ces deux assertions. La vie de sainte Geneviève qui commence par le vers :

> Madame de Valois me prie,

c'est-à-dire la vie contenue dans le ms. 179 de M. Barrois, a bien pour auteur « un nommé Renauz », comme porte le catalogue imprimé des manuscrits du roi. On peut s'en assurer en consultant l'exemplaire de cette même vie qui est à la Bibliothèque impériale, dans le ms. français 13508, et à la fin duquel on lit ces vers :

> Renauz, qui ceste vie dit,
> Ne puet trouver plus en escrit.

---

[1] Voyez l'*Étude* de M. Kohler, p. LI.

11.

Sachies qu'il vous a aconté
De l'estoire la verité,
Ce qu'il en escrit, en trouva.
Tant fist la dame et esploita
Que ne puet estre en escrit mis.
Tant com j'en luis vous en devis.
Prions la virge glorieuse,
Etc.

Il est donc évident que la vie de sainte Geneviève composée en vers à la requête de la dame de Valois est l'œuvre de Renaud[1]. Les quatre vers qui sont à la fin de l'exemplaire de M. Barrois, et sur la foi desquels l'opuscule a été attribué à frère Guérin, se rapportent non pas à l'auteur, mais au copiste du manuscrit.

XIII

Notre ms. latin 7413 renfermait dix-neuf traités d'astronomie ou d'astrologie, dont l'énumération se trouve dans le catalogue imprimé :

Codex membranaceus, in quarto, olim Tellerianus. Ibi continentur :

1° Messahallach tractatus de compositione et usu astrolabii.

2° Theorica planetarum, authore Gerardo Carmonensi.

3° Aben Esræ tractatus de planetarum conjunctionibus, et de revolutionibus annorum mundi, interprete magistro Henrico Bate.

4° Guillelmi Anglici judicium de urina non visa.

5° Theorica planetarum, authore Gerardo Carmonensi.

6° J. de Londoniis tractatus de astrologia judiciaria ad R. de Guedingue.

7° Anonymi tractatus de nativitatibus.

8° Tabula stellarum fixarum anno 1246 Parisiis verificata.

9° Roberti Grosthead, episcopi Lincolniensis, tractatus de sphæra.

10° Anonymus de aeris dispositione.

11° Tractatus de compositione almanach.

12° Alfragani liber de aggregationibus scientiæ stellarum, et principiis cœlestium motuum.

13° Albohaly Alfahat, liber de nativitatibus.

14° Anonymi epistola de causis et signis ignorantiæ modernorum.

15° Anonymi epistola de ratione mixti.

---

[1] M. Kohler (*Étude*, p. XLIX) a parlé de l'ouvrage de Renaud d'après une copie qu'il en a trouvée à la bibliothèque Sainte-Geneviève.

16° Ptolemæi planisphærium.

17° Omar de revolutionibus nativitatum libri tres.

18° Haly, filii Ahamet, liber de electionibus horarum.

19° Epistola Messahallach, in rebus eclipsis solis et lunæ, in conjunctionibus planetarum ac revolutionibus annorum.

Is codex decimo quarto sæculo exaratus videtur.

On a pris le commencement et la fin de ce volume pour former le n° 218
de la collection de M. Barrois, qui répond aux articles 1, 17, 18 et 19 de
la précédente description. Les articles 6 à 13 ont servi à constituer le n° 188.
J'ignore ce que sont devenus les articles 2, 3, 4 et 5.

Suivent les notices des mss. 218 et 188 de M. Barrois :

CCXVIII. — 1. Hic incipit astrolabium. (Liber Messehallæ, cum figuris; sequitur
theorica motuum planetarum.) — «Scito quod astrolabium est (nomen grecum), cujus
interpretatio est acceptio stellarum. »

2. Liber Omar de revolutionibus nativitatum. Fol. 26. — «Dixit Omar Benalphar-
gani Tiberiadis : Scito quod diffinitiones nativitatum in nutritione sunt quatuor. »

3. Liber Hali filii Ahamet Ebram in electionibus horarum. Fol. 45. — « Rogasti me,
karissime, ut tibi librum de horis eligendis componerem. » — A la fin : « Perfectus est
liber electionum... Hali filii Ahamet Hebraam translatus de arabico in latinum in civi-
tate Barchinona... ».

4. Incipit epistola Messehale in rebus eclipsis solis et lunæ et conjunctionis planetarum, etc. Fol. 57 v°.

Manuscrit du XIVᵉ siècle. Sur vélin. Petit in-folio. 59 feuillets.

Reliure moderne en maroquin rouge. Dorure.

CLXXXVIII. Collection de traités et de tables astrologiques et astronomiques, en
latin.

1. Liber de nativitatibus Albohali Alfahat. — « Iste est liber scientiæ judiciorum. » A
la fin : « Perfectus est liber nativitatum anno ab incarnatione Domini 1100, mense
julii, etc. ».

2. Epistola cujusdam de signis et causis modernorum. — « Ignorantie nostre signa
sunt et cause. » Fol. 9 v°.

3. Epistola de ratione mixti. — « Mixtum autem est uno fieri non ex pluribus ele-
mentis prius ad se invicem divisis. » Fol. 11.

4. Liber de sphera. — « Spera in quolibet polorum planum contingente. » Avec
figures.

5. De motu octavæ spheræ. — « Amatissimo magistro suo M. de Guedingue,... de
Londoniis, salutem... Noscitis quod omnes judices astrorum. » Fol. 19 v°.

6. Tractatus de sphera. — « Dixit Messehallah quod Dominus altissimus fecit terram ad similitudinem spere. » Fol. 21.

7. Introductio in astronomiam. — « Dixit Ypocras, medicorum optimus, cujusmodi medicus est qui astronomiam ignorat. » Fol. 24.

8. Tabula stellarum fixarum que ponuntur in astrolabio, verificata Parisius per instrumentum armillarum anno Domini 1246. Fol. 36.

9. Tabula stellarum fixarum verificata Parisius anno M° CC 33.

10. Tractatus (Roberti Grosseteste), episcopi Lincolniensis, de spera. — « Intencio in hoc tractatu est describere figuram machine mundane. » Fol. 37.

11. Tractatus ad pronosticandam diversam aeris dispositionem futuram ex stellis. Fol. 44.

12. Tractatus de composicione almanak. — « In faciendo almanak. » Fol. 48.

13. Incipit liber de agregationibus scientie stellarum et principiis celestium motuum, quem Alphagranus (Alphraganus) compilavit. Fol. 50 v°.

Manuscrit du XIVᵉ siècle. Sur vélin. In-quarto. 75 feuillets.

Reliure en maroquin cramoisi.

XIV

Le ms. 8246 (jadis 5255 de Colbert) se composait, selon toute apparence, des débris de différents volumes. Le contenu en est ainsi indiqué dans le catalogue imprimé :

Codex membranaceus, in quarto, olim Colbertinus. Ibi continentur :

1° P. Ovidii Nasonis liber de remedio amoris, passim inter lineas glossæ et ad marginem scholia.

2° Tobiæ liber, versibus latinis, autore Matthæo Vindocinensi; accedunt glossæ et scholia.

3° Proverbia varia, sive sententiæ ab anonymo versibus expressæ.

4° A. Persii Flacci satyræ, cum glossis et scholiis.

5° Catonis disticha; accedit anonymi commentarius.

6° Gaufridi anglici Poetria nova; ad Innocentium III papam; accedunt glossæ et scholia [1].

7° Anonymi carmen cujus titulus est : liber facetiæ sine quo nemo potest esse bene moriginatus.

8° Æmilii Macri carmen de virtutibus herbarum; finis desideratur.

Is codex partim decimo tertio, partim decimo quarto sæculo videtur exaratus.

---

[1] Baluze, dans son catalogue des manuscrits de Colbert, au n° 5255, dit que ce traité commençait par les mots : « Papa stupor mundi ».

Ce manuscrit avait dû faire partie de la bibliothèque du président de Thou. On lit, en effet, dans le catalogue des manuscrits de cette célèbre bibliothèque :

N° 525. Galfridi Poetria. Catonis liber. Theoduli elegia. Ovidius de remedio amoris. Tobias metrificatus a Matheo Vindocinensi. Virgilii opuscula. Damasi pape liber de vitiis. Doctrina Johannis Faceti ad Catonem. Amphitruonis comedia, elegiaco carmine [1]. In octavo.

J'ai tenu à montrer que notre ms. 8246 avait appartenu au président de Thou, parce que, d'une part, on sait que ce fameux bibliophile avait recueilli beaucoup des anciens manuscrits de Pierre Pithou ; et que, d'autre part, le nom de Pierre Pithou se lit sur deux volumes de la collection de M. Barrois, que je n'hésite pas à prendre pour deux morceaux de notre ms. 8246, et qui, combinés avec deux autres volumes de la même collection, nous représenteront le ms. 8246 tel qu'il était avant sa sortie de la Bibliothèque du roi.

Dans cette hypothèse, le n° 314 de M. Barrois répond aux deux premiers articles du manuscrit perdu ; le n° 318, au quatrième et au cinquième ; le n° 319, au sixième, au septième et peut-être au troisième ; enfin, la seconde partie du n° 285 est le huitième article du ms. 8246 :

CCCXIV. — 1. P. Ovidii Nasonis de remedio amoris liber cum commentario.

2. Matthæi Vindocinensis Tobias, sive metaphrasis libri Tobiæ versibus elegiacis scripta, cum commentario. Fol. 23.

Manuscrit du XIVᵉ siècle. Sur vélin. In-quarto. 68 feuillets.

Reliure en maroquin vert. Dorure.

A appartenu à P. Pithou.

CCCXVIII. — 1. Auli Persii Flacci satyræ cum commentario. 16 feuillets.

2. Dionysii Catonis ethica, seu disticha de moribus, cum commentario. 16 feuillets, inverso volumine.

Manuscrit du XIVᵉ siècle. Sur vélin. In-quarto. 30 feuillets.

Reliure en maroquin vert. Dorure.

A appartenu à P. Pithou.

---

[1] La composition de ce volume a sans doute été remaniée après la rédaction du catalogue des manuscrits du président de Thou. Je suppose qu'on en aura enlevé l'Amphitryon, pour le relier dans un autre recueil de fragments, peut-être celui qui a formé le n° 8498 de notre fonds latin et dont il sera question dans la notice suivante, p. 89.

CCCXIX. — 1. Liber faceticie (Johannis magistri). Commence :

> Cum nihil utilius humane credo saluti
> Quam morum novisse modos et moribus uti.

A la fin : « Explicit liber facetie, sine quo nemo potest esse bene moriginatus ».

2. Versus de officiis sacerdotum. Fol. 2 v°. Commence :

> Sacerdotes, mementote
> Nihil majus sacerdote,
> Qui dotatus sacra dote
> Deo servit et devote.

3. De officio sacerdotis (en prose). Fol. 3.

4. Versus morales et memorativi de variis rebus. Fol. 3.

5. Galfridi de Vino Salvo anglici Poetria (cum notis). Fol. 8. Commence :

> Papa stupor mundi si dixero papa notenti.

A la fin : « Explicit Poetria, composita a magistro Galfrido de Vino Salvo de coloribus retoricis ».

Manuscrit du xiv° siècle. Sur vélin. In-quarto. 30 feuillets.

Reliure en maroquin vert. Dorure.

CCLXXXV. — 1. Sequitur de jure civili Burgundiæ. La première rubrique est : De emphitheoteta. La dernière : De conditione possidentis. 16 feuillets.

2. Hic incipit liber de virtutibus herbarum secundum Macrum. 8 feuillets, inverso volumine.

Manuscrit du xiv° siècle. Sur vélin. In-quarto. 24 feuillets.

Le second traité est écrit sur deux colonnes.

Reliure en maroquin pourpre.

XV

Voici, d'après le catalogue imprimé, la notice du ms. latin 8498 :

Codex membranaceus, in octavo, olim Colbertinus. Ibi continentur :

1° Anonymi disticha moralia [1].

2° Summa pœnitentiæ, versibus hexametris.

3° Prudentii tetrasticha de veteri et novo Testamento [2].

4° Liber Faceti.

---

[1] La description que Baluze a donnée du même manuscrit (n° 6574 de Colbert) porte : « Disticha moralia christiana ».

[2] « Tetrastichum Prudentii de columba. » Baluze. — Voyez le *Dittochaeon* dans le Prudence de Dressel, p. 470.

5° Cornuti distigia, sive morale scholarium : authore Joanne de Garlandia [1].

6° Amphitryon comœdia, versibus elegiacis.

7° Comœdia de sponsalibus Paulini et Pollæ veteranorum : authore Ricardo de Venusia.

8° Regulæ juris, e libro sexto Decretalium.

Is codex decimo quinto sæculo videtur exaratus.

Ce volume a été volé à la Bibliothèque et mis en lambeaux. Les feuillets contenant le deuxième, le troisième et le quatrième article forment aujourd'hui le n° 254 du fonds de M. Barrois, et le n° 257 du même fonds répond au septième article :

CCLIV. — 1. Incipit Summa penitencie [2]. — Commence :

> In crucis hoc signo⸰bona sumo, prava resigno.
> Munere me digno servet Deus hoste maligno.
> Peniteat cito precor [3] cum sit miserator
>   Judex, et sunt hec quinque tenenda tibi :
> Primo blanditur, secundo monet, tercio urget,
> Quarto solatur, quinto demonstrat agenda.
> Quinque tibi care sint ista, si confiteare :
> Spes venie, cor contritum, confessio culpe,
>   Pena satisfaciens et fuga nequicie.

2. Tetrasticum Prudencii columbe de veteri et novo Testamento. Fol. 6. — Commence :

> Eva columba fuit tunc candida, nigra deinde
> Facta, per anguineum male suasa fraude venenum.

3. Incipit liber Faceti (sive moralis, poema leoninum de officiis cujusque erga Deum, alios homines et seipsum, per quendam Johannem magistrum). Fol. 16. — Commence :

> Cum nihil utilius humane credo saluti
> Quam rerum novisse modos et moribus uti.

Manuscrit du xv° siècle. Sur vélin. Très petit in-quarto. 28 feuillets. Avec de petites initiales enluminées.

Reliure en maroquin rouge. Dorure.

CCLVII. — Comedia de sponsaliciis Paulini et Polle senum, composita a judice Richardo de Venusia. Commence :

> Ludere sepe solet nostro sapientia ludo,
> Cum sibi precipue tempus et hora favent.

---

[1] « Distigium magistri Cornuti cum glossis. » Baluze.

[2] Voyez plus haut, notice VIII, la description du ms. 260 de M. Barrois, qui paraît contenir une pièce analogue.

[3] Il faut lire « peccator ».

Tempus adest aptum quo ludere nostra camena
Debeat, et curis se revelare (*l.* relevare) suis.

Manuscrit du xve siècle. Sur vélin. Petit in-octavo. 39 feuillets. Avec de petites initiales enluminées.

Reliure en maroquin rouge.

Les mss. 254 et 257 du fonds de M. Barrois nous représentent donc les articles 2, **3**, 4 et 7 du ms. latin 8498. Je ne saurais dire ce que sont devenus les articles 1, 5, 6 et 8.

Le sixième article était une copie de l'Amphitryon que M. Thomas Wright a cité en 1838, en donnant des détails[1] qui prouvent que le ms. latin 8498 était encore à cette époque sur les rayons de la Bibliothèque du roi.

XVI

M. Wallon, dans un livre aussi remarquable par la solidité de l'érudition que par l'élégance du style[2], regrette de n'avoir pu recourir à deux manuscrits de la Bibliothèque impériale relatifs à l'histoire de Richard II, roi d'Angleterre, le n° 275 du fonds de Saint-Victor et le n° 9745.3 de l'ancien fonds français. On va voir par suite de quelles circonstances aucun de ces deux manuscrits n'a pu être mis à la disposition du savant historien. Examinons d'abord le n° 275 du fonds de Saint-Victor. Voici la description qui nous en est donnée par le catalogue de la Bibliothèque :

1. Traduction des livres de la vieillesse et de l'amitié de Cicéron, par Laurent de Premierfait. 1325[3].
2. Ballades et autres poésies d'Eustache Morel.
3. Le Songe véritable, en vers.
4. Jacques Bruaut, Voie des richesses et de la pauvreté, en vers.
5. Créton, Prise de Richard, roi d'Angleterre, en vers.

---

[1] « Codex 8498 is also on vellum, but of the fifteenth century. The Geta forms the sixth article, commences at fol. 54, and concludes thus :

« Gaudeat Amphitrion, Getaque fiat homo, Lætatur sponsa Amphytrion, nitore coquine Birria, Geta hominem se fore : queque placent.

Explicit. » Thomas Wright, *Early mysteries and other poems of the twelfth and thirteenth centuries* (London, 1838, in-8°), p. xx.

[2] *Richard II, épisode de la rivalité de la France et de l'Angleterre* (Paris, 1864, deux volumes in-8°), I, 391.

[3] Il faut lire 1405 et non pas 1325.

6. Traité entre les rois de France et d'Angleterre, en 1359[1]. — Traité de Brétigny, 1360. — Le traité corrigé à Calais, 1360. Etc.

Volume in-folio, papier, du xvᵉ au xviᵉ siècle[2].

Le cinquième des morceaux ci-dessus indiqués a été l'objet d'une note intéressante que le révérend John Webb a insérée dans son travail sur Richard II[3] et qu'il devait à l'obligeance de Henry Petrie. Je la traduis littéralement :

On lit dans le ms. 275 de Saint-Victor, à la fin de l'histoire de Richard II : « Explicit l'ystoire du roy Richart d'Engleterre, composée par Créton ». Vient ensuite, au folio 132 verso : « Epistre fet par le dit Créton : Ainsi come vraye amour requiert à très noble et vraye catholique Richart d'Angleterre, je Créton, ton liege serviteur, te renvoye ceste epistre, » etc. Puis on trouve, au folio 133, une ballade par ledit Créton :

> O vous, seignors de sang royal de France,
> Mettez la main aux armes vistement.

Suivent plusieurs autres ballades : l'une est attribuée à Créton ; toutes sont peut-être du même auteur.

De cette note il convient de rapprocher la description du ms. 494 de M. Barrois :

CCCCXCIV. — I. Les croniques de France. — « Childeric. — Childebert. »
2. L'ystoire du roi Richart d'Engleterre, composée par Créton. Fol. 2. Commence :

> Au departir de la froide saison,
> Que printemps a fait reparacion
> De verdure, et qu'aux champs maint buisson
> Voist on florir...

Une petite partie est en prose. L'ouvrage finit ainsi :

> Sy prie à tous ceulx de cuer fin
> Qui verront jusques à la fin
> Ce traictié que j'ay voulu faire
> Des Anglois et de leur affaire,
> Que, se j'ay mespris en rimer,
> En prose, ou en leonimer,
> C'on me tiegne pour excusé.
> Car je n'en suy pas bien rusé.

Explicit l'ystoire du roy Richart d'Engleterre, composée par... Créton.

---

[1] Je crois qu'il s'agit ici du traité de 1259.
[2] Sur le ms. 275 de Saint-Victor il faut consulter le volume publié en 1832 par Crapelet, sous le titre de *Poésies morales et historiques d'Eustache Deschamps*.
[3] *Archæologia*, XX, 189.

3. Epistre faite par ledit Créton (adressée au roy Richard II). Fol. 32 verso. Commence : « Ainsy comme vraye amour requiert, à très noble prince et vray catholicque Richard d'Engleterre, je Créton, ton lige serviteur, te envoie ceste epistre... ». L'auteur plaint le roi de ses infortunes et de la méchanceté de ses ennemis; il l'engage à venir en France.

4. Balades par ledit Créton. Fol. 34 verso.

> I.   A vous seigneurs, du sang royal de France,
>   Mettés la main aux armes vistement,
>   Se vous avez certaine congnoissance
>   Du roy qui tant a souffert de tourment,
>   Par faulx Anglois, qui traiteusement
>   Luy ont tollé la dominacion
>   Et puis de mort fait condampnacion.

39 vers, avec ce refrain :

> C'est d'Albion le noble roy Richart.

> II.   Venez, venez de l'Empire et de France,
>   Venez veoir, très belle compagnie;
>   Venez veoir, renouvel d'aliance;
>   Venez veoir, gente chevalerie.

33 vers, avec ce refrain :

> Venez veoir luy portant raim de lorier.

> III. Par les grans fais des anciens Romains
>   Furent jadis les terres subjuguées
>   De toute Aise et d'Orient par mains
>   D'Auffrique aussi avecques les Indees.

67 vers, avec ce refrain :

> Advisés y le noble sang de France.

> IV.   Pour acquérir honneur et renommée,
>   Pour mielx valoir entre les gracieux,
>   Pour ressembler à Judas Machabée,
>   Pour ensuir les senz chevalereux.

41 vers, avec ce refrain :

> Par lettres envoiées de France.

Manuscrit du xve siècle. Sur papier. In-folio. 36 feuillets. Le papier a pour marque l'écu aux armes de Bourgogne.

Reliure en maroquin vert de Venise.

Il faut avouer que le ms. 494 de M. Barrois présente bien de l'analogie avec le cinquième morceau du ms. 275 de Saint-Victor. C'est l'auteur du catalogue des manuscrits de lord Ashburnham qui en a fait le premier la remarque : « Le présent manuscrit, dit-il, et le ms. 275 de Saint-Victor sont les seuls exemplaires connus qui renferment le nom de l'auteur, l'épître et les ballades ». En réalité, ces deux exemplaires se réduisent à un seul. On pouvait déjà le soupçonner en voyant avec quelle exactitude la note du révérend John Webb s'applique au ms. 494 de M. Barrois, et le soupçon se change en certitude quand on pèse une observation très judicieuse que nous devons également à l'auteur du catalogue des manuscrits de lord Ashburnham : « Les mss. 498 et 523 de la collection de M. Barrois sont, dit-il, de la même main que le ms. 494 ». Or, le n° 498 contient les deux ouvrages qui formaient la troisième et la quatrième partie du ms. 275 de Saint-Victor; le n° 523 est un recueil de poésies correspondant à la deuxième partie du même manuscrit.

N'est-il pas évident que nous avons dans les n°ˢ 494, 498 et 523 du fonds de M. Barrois trois fragments d'un seul et même volume, du ms. 275 de Saint-Victor, qui sera reconstitué dans son état primitif, si aux n°ˢ 494, 498 et 523 du fonds de M. Barrois nous ajoutons les n°ˢ 373 et 492 du même fonds? Je justifie la restitution que je propose en donnant ici la notice des mss. 498, 523, 373 et 492 :

CCCCXCVIII. — 1. Le Songe véritable. — Dialogue : les interlocuteurs sont Povreté, Souffrance, Renommée, Faulx gouvernement, Expérience, Fortune, Raison, Dampnacion. Commence :

> Les gens qui dient qu'en songes
> N'a se fables non et mensonges,
> Sy comme ou rommant de la Rose
> Est dit, en texte, non en glose,
> Sy n'ont pas tout bien essayé,
> Sy com je voy, car esmaié
> Suy je trop fort, et en pensée,
> De ce qu'ay veu la nuyt passée
> Une advision merveilleuse,
> Dure, obscure et non joyeuse,
> Laquelle je desclaireray
> Trestout le mielx que je pourray.

Au fol. 9 verso, col. 1, est le passage suivant :

FORTUNE.

. . . .

> En ay je point donné sa part
> Au roy d'Angleterre Richart?

De son royaume l'ay bouté
Et mis du tout à povreté,
Ou au moins en exil l'ay mis,
Maugré ly et tous ses amis;
Et se la voulenté me vi[e]nt,
Je le remettra se devient
A haulte honneur et à hault pris,
Et en l'estat où je le pris :
Car mon plaisir est de gens faire
Très grant seigneurs, puis les deffaire;
Aux povres gens suy souvent doulce,
Et les riches souvent repoulce,
Et les fais tous devenir bestes.
Je ne crains nul s'il n'a deux testes.

D'après ce passage et d'autres allusions à des personnages contemporains, on peut rapporter la composition de ce morceau aux environs de l'année 1400. Finit :

Comme Raison se teust et l'acteur parle et dit :
Ainsy com m'avés ouy dire,
Le cuer joyeux et non plain d'ire,
Tant demouray, tant attendy,
Toutes ses choses e[n]tendy,
Lesquelles sont toutes escriptes
Comme chacun les avoit dictes.
Aussy Raison bien a visé
Comme je vous ay devisé;
Sy fis je aussy Dampnacion,
Qui leans faisoit mansion,
Et vy que Raison escoutoit
Dampnacion qui revenoit.
Sy m'apensé que je verroie
La fin du fait, si je povoie
Lors m'abesser, m'acoustay,
Et Dampnacion escoutay,
Qui venoit menant tel tempeste
Qu'elle me fit bessier la teste.
Sy que j'en fus si merveillié
Que de grant paour je m'esveillé.
Explicit le Songe veritable.

2. Cy commence l'Adresse de povreté et de richesse (par Jacques Bruant). Fol. 14. — Commence :

On dit souvent en reprouchier
Ung proverbe que j'ay moult chier,
Car veritable est, bien le sçay,
Que mettez un fol après soy,

Il pensera de ly chevir.
Par moi me saies le puis plovir
Tant ay je de ma chevissance
Petitement, maiz souffisance.
Si comme l'escripture l'adresse,
Au monde est presente richesse.
Quant à or de ce me tairay,
Et cy après vous retrairay
Une advision qui m'advint
A dix huit jours ou à xx,
Après ce que je fus mariez.

Finit :

Ou avenir puisse à souffisance :
Car j'ay en ce ferme creance,
Que qui a souffisante adresse
En ly a parfaicte richesse,
Ne ja ne croiray le contraire.
Icy veuil mon livre à fin traire
Appellé la Voye ou l'Adresse
De povreté ou de richesse.
Explicit.

Manuscrit du xvᵉ siècle. Sur papier. In-folio. 23 feuillets. Écrit à deux colonnes, de la même main que les nᵒˢ 494 et 523.
Reliure en maroquin vert. Dorure.

DXXIII. Collection de lais, balades, rondeaux et servenlois.
154 pièces dont il y a dans le volume deux listes modernes.

Mauuscrit du xvᵉ siècle. Sur papier. In-folio. 35 feuillets.
Écrit à deux colonnes, de la même main que les nᵒˢ 494 et 498.
Reliure en papier.

CCCLXXIII. — 1. Le livre de Tulle de vieillesse, translaté de latin en françois par Laurent de Premierfait. — Cy fine le livre de Tulle de viellesse, translaté de latin en françois, du commandement de très excellent... prince Loys, duc de Bourbon, par moy Laurent de Premierfait, cinquiesme jour de novembre ᴍ cccc et cinq.

2. Le livre de Tulle d'amistié, translaté de latin en françois par Laurent de Premier-fait. Fol. 16 verso. Commence : « A très excellent... prince Jehan filz de roy de France, duc de Berry... ».

Manuscrit du xvᵉ siècle. Sur papier. In-folio. 33 feuillets. Apparemment l'autographe du traducteur. (Hypothèse plus que hasardée.)
Reliure en maroquin cramoisi. Dorure.

CCCCXCII. — Collection de traités entre l'Angleterre et la France. 1200-1430. En français et en latin.

Manuscrit du xvᵉ siècle. Sur papier. In-folio. 77 feuillets.
Reliure en maroquin vert.

La concordance entre le ms. 275 de Saint-Victor et les volumes de la collection de M. Barrois[1] s'établira donc de la manière suivante :

MS. 275 de Saint-Victor.	COLLECTION de M. Barrois.
1. Cicéron...............................	Nº 373.
2. Ballades...............................	Nº 523.
3. Le Songe véritable....................	Nº 498, fol. 1.
4. Voie des richesses....................	— fol. 14.
5. Créton...............................	Nº 494.
6. Recueil de traités....................	Nº 492.

XVII

Je passe au second manuscrit concernant Richard II, dont la perte a été signalée par M. Wallon. Il portait dans la bibliothèque de Colbert le nº 1051, et il reçut le nº 9745.3 quand il entra à la Bibliothèque du roi. Baluze l'a décrit dans les termes suivants :

1. Varii tractatus pacis inter reges Franciæ et Angliæ ab anno MCC usque ad annum MCCCCXXXIX.

2. Chronique de Richard II, roy d'Angleterre, composée par Jean Le Baud, chanoine de Saint-Lambert de Liège.

3. Le temps perdu et le temps recouvert, de maistre Pierre Chastellain.

4. Livre de moralité, par forme de dialogue.

Ce manuscrit est cité dans le travail du révérend John Webb[2], et Buchon l'a employé en 1826 pour l'édition qu'il a donnée de la chronique de Richard II dans le tome XXV de sa collection des Chroniques nationales françaises. Il a été volé à la Bibliothèque du roi avant l'année 1846[3], et dé-

---

[1] Voyez la notice mise par M. le marquis de Queux de Saint-Hilaire en tête du tome II de son édition des Œuvres d'Eustache Deschamps. — Voyez aussi plus haut, p. 29, ce que je dis du soin pris par le vieux comte d'Ashburnham

de rattacher par un ruban les mss. 494, 498 et 523 du fonds Barrois.

[2] Archæologia, XX, 11.

[3] M. Benjamin Williams, dans la préface de sa Chronique de la trahison et mort de Richart II,

pecé en quatre morceaux dont on a formé les nᵒˢ 359, 397, 364 et 497 du fonds de M. Barrois. Je vais donner la notice de ces quatre manuscrits, sans y ajouter aucune observation :

CCCLIX. — Collection de traités entre l'Angleterre et la France. De 1200 à 1435. Partie en latin, partie en français.

Quelques-uns de ces traités ne sont pas dans Rymer. Le texte de ceux qui ont été publiés présente des variantes.

Manuscrit du xvᵉ siècle. Sur papier. In-folio. 104 feuillets.
Reliure en maroquin vert. Dorure.

CCCXCVII. — La grante desloyaulté et grans trahisons advenues ou royaume d'Angleterre, et par especial encontre le roy Richard d'Angleterre, filz au vaillant prince de Galles, mis en prose par Jehan Lebeau, jadis chanoine de Sainct-Lambert du Liège.

. . . Cy fine la cronique du noble roy Richard d'Angleterre.

Manuscrit du xvᵉ siècle. Sur papier. Petit in-folio. 60 feuillets.
Reliure en maroquin cramoisi. Dorure.

CCCLXIV. — 1. Ensuit le Temps perdu de maistre Pierre Chastellain. Commence :

> En contemplant mon temps passé,
> Et le Passe temps de Michault[1],
> J'ay mon temps perdu compassé,
> Duquel à present bien my chault,
> Car point ne me suis demy chault,
> Trouvé tousjours a grant froidure,
> Mais tousjours froit tant que froit dure.

2. Ensuit le Temps recouvert de maistre Pierre Chastellain. Fol. 11. Commence :

> On dit souvent que rien ne porte,
> Riens ne ly chiet, et on le croit,
> En cela point ne me depporte
> Pour ung party que me recroit;
> Mais d'aultre part, qui plus acroit,
> Aussi est-il tant plus estrainct :
> Qui trop embrace pou estraingt.

Manuscrit du xvᵉ siècle. Sur papier. In-folio. 43 feuillets.
Reliure en maroquin cramoisi. Dorure.

publiée à Londres en 1846, dit (p. LXXXVI) en parlant de ce manuscrit : «Although I made repeated visits to the royal library at Paris, extending over a twelvemonth, I never could obtain a sight of this manuscript».

[1] Voyez plus loin, p. 105.

CCCCXCVII. — Moralité à plusieurs personnages. Les personnages sont : Maleur, Eur, Fortune, Povreté, Franc arbitre, Destinée. Commence :

> Se Orpheus, par chanter en sa lire,
> Eust modéré la grant rigueur et l'ire
> De Jupiter, qui voult le[s] cieux concquerre,
> Prometheus eust eu cause de rire.

Finit :

FRANC ARBITRE.

> . . . .
> Verrons plus haut par contemplacion
> Et exersons bonne operation.
> Où tout bon cuer mect sa felicité,
> Si que au partir de ceste region
> Avoir puissions vraye fruiction
> De cil qui est souveraine bonté,
> Le Dieu qui est tan en eternité,
> Quant vous serés logiez en sa cité,
> De rien qui soit deffault vous n'aurés ;
> Ainsi maleur jamaiz deslierés,
> Prince en ce lieu est toute agillité,
> Clarté sans fin, toute subtilité,
> Faites donc tant que vous y demourés,
> Ainsi jamais maleur ne deslierés.

Manuscrit du XVᵉ siècle. Sur papier. In-folio. 43 feuillets. De trois mains différentes. Reliure en maroquin vert. Dorure.

XVIII

Un troisième manuscrit relatif à l'histoire de Richard II a été soustrait à la Bibliothèque. C'est le volume qui figure à l'inventaire de 1682 sous le nº 10212, et au premier des inventaires dressés par les frères Dupuy sous le nº 635. Ce manuscrit fut examiné à la Bibliothèque du roi il y a une quarantaine d'années par John Allen, qui le signala dans les termes suivants au révérend John Webb [1] :

Bibliothèque du roi, nº 635, in-octavo, sur vélin. Reliure en veau, ornée d'un écusson portant trois fleurs de lis et surmonté d'une couronne avec des fleurs de lis au centre. Beaucoup de petites couronnes sont en outre estampées sur la reliure, et sous chacune d'elles sont deux C adossés, de cette façon ƆC, peut-être pour représenter le mot

---

[1] *Archæologia*, XX, 10.

CHARLES. Le manuscrit n'a pas de titre, mais le relieur a imprimé sur la couverture les mots[1] : *Histoire du roy Richard d'Angleterre*. Il consiste en trente-huit feuillets et un feuillet blanc. L'écriture est du xve siècle.

Le signalement est si précis que le manuscrit enlevé à la Bibliothèque se reconnaîtra au premier coup d'œil, surtout s'il n'a pas été dépouillé de sa belle reliure aux armes de Charles IX. Or, il est assez vraisemblable que le voleur a soigneusement conservé une couverture d'où le volume tirait presque tout son prix. C'est en effet ce qui est arrivé. Le manuscrit est arrivé intact dans la collection de M. Barrois, et le catalogue de lord Ashburnham le mentionne à peu près dans les mêmes termes que la note publiée par le révérend John Webb :

X. — Le livre du roy Richart d'Angleterre. Commence : « Le roy Richart d'Angleterre rendi la ville et le chastel de Brest au duc de Bretaigne l'an mil cccɪɪɪˣˣ et seze ». — Finit : « Et fut amené à Saint Pol la maistre eglise de Londres ; là fust il deux jours sur terre, pour le monstrer à ceulx de Londres, affin que ilz creussent pour certain qu'il feust mort ».

Manuscrit de la fin du xɪve siècle ou du commencement du xve. Sur vélin. Petit in-folio. 38 feuillets.

Au premier feuillet est attachée une lettre ornée tirée d'un manuscrit du xɪɪe siècle. Belle reliure ancienne en maroquin jaune avec les armes et le monogramme de Charles IX. A la couverture sont attachées deux lettres, l'une d'Élisabeth, reine d'Angleterre, à Charles IX, du 29 décembre 1564 ; l'autre de Charles IX au duc de Longueville, du 24 août 1572.

Dans cette notice, comme dans le travail de John Webb, le volume est indiqué comme consistant en trente-huit feuillets de parchemin et relié aux armes et au monogramme de Charles IX. On peut donc affirmer sans la moindre hésitation que le no 10 du fonds de M. Barrois est le manuscrit qui a été longtemps conservé à la Bibliothèque du roi sous le no 10212. La disparition de ce volume est antérieure à l'année 1846, puisque M. Benjamin Williams, dans la préface de son édition de la *Chronique de la traïson et mort de Richard deux*, imprimée à Londres en 1846, dit avoir vainement demandé à la Bibliothèque du roi le manuscrit indiqué par John Allen comme portant le no 635[2].

---

[1] Je traduis ainsi la phrase : It has no title, but is marked : *Histoire*, etc.

[2] « VIII, no 635, Bibliothèque du roi at Paris. This manuscrit is described by M. Webb as

XIX

La Bibliothèque du roi posséda longtemps, sous le n° 10262, un précieux exemplaire du Voyage de Jean de Mandeville : Gervais Chrétien, premier médecin de Charles V, l'avait fait copier en 1371 par Raoulet d'Orléans, l'un des scribes les plus renommés de la seconde moitié du XIVᵉ siècle [1]. Cette circonstance n'était point relevée dans les catalogues qui servaient au cabinet des manuscrits, quand une main coupable s'empara du n° 10262 et le fit acheter à M. Barrois, si désireux, comme on sait, de posséder quelques-uns des volumes qui avaient pu faire partie de l'ancienne librairie de la tour du Louvre, et dont il avait publié l'inventaire en 1830, au commencement de sa *Bibliothèque protypographique*. La fraude n'eût pas été facilement découverte si, dans ces dernières années, on n'eût pas mis en ordre les cartes sur lesquelles avait été écrit, au XVIIIᵉ siècle, le catalogue d'un très grand nombre de manuscrits français. La carte relative au n° 10262 est ainsi conçue :

Recueil de différents ouvrages, savoir :

1° Le voyage de la terre sainte et autres lieux, par Jean de Mandeville, chevalier anglais. On lit au dernier feuillet ces mots : « Ce livre cy fist écrire honnorables homs, sages et discrets Mᵉ Gervaise Crestien, premier physicien de très puissant, noble et excellent prince Charles, par la grace de Dieu roy de France; escript par Raoulet d'Orliens, l'an de grâce 1371 ». Et sur les premiers feuillets on a écrit quelques problèmes d'arithmétique.

2° Traitté de la preservation de épidimie, minucion ou curation d'icelle, fait par Mᵉ Jehan de Bourgoigne, autrement dit à la Barbe, professeur en médecine et citoyen de Liège; il le fit en 1365.

3° Onze rondeaux faits par un amant pour sa maîtresse.

Manuscrit sur vélin. Volume in-quarto. Écriture du XIVᵉ siècle, excepté les rondeaux qui sont du XVᵉ.

in-octavo, bearing the royal crown and cypher C. It is not known by this number at the royal library, and the editor suspects it is n° 685 of some private collection (fond); but as there are fifty five such collections at the royal library and no catalogue has as yet been published, the search for it appears hopeless. It appears to have been an early ms.; but it consisted of only thirty eight folios, and could scarcely have contained the additional paragraphs ». *Chronique de la traison. . ,*, p. LXXXIX.

[1] Sur les travaux de Raoulet d'Orléans, voyez mes *Mélanges de paléographie et de bibliographie*, p. 271.

Il est impossible de ne pas reconnaître les deux premières parties du ms. 10262 dans les mss. 24 et 185 de la collection de M. Barrois :

XXIV. — Le livre Jehan de Mandeville, chevalier, lequel parle de l'estat de la Terre sainte et des merveilles que il y a veues. A la fin, au fol. 95 verso : « Ce livre cy fist escrire honnorables homes, sages et discret maistre Gervaise Crestien, maistre en medicine et premier phisicien de très puissant, noble et excellent prince Charles, par la grace de Dieu roy de France. Escript par Raoulet d'Orliens, l'an de grace mil cccLXXI, le xviii jour de septembre ». — Et sur le feuillet suivant, fol. 96 : « Ci s'ensuit l'a b c des Grieux, qui fu oubliée à mectre en son lieu pour ce que nous n'aviens l'exemplaire. Ci après s'ensuit l'a b c de ceuls d'Egypte ». — Fol. 96 verso : « Ci s'ensuit l'a b c à ceuls de Caldée. — Ci après s'ensuivent les lettres des Hebrieus ».

Manuscrit du xive siècle. Sur vélin. Petit in-folio. 96 feuillets. Reliure moderne en maroquin rouge, aux armes de Charles V.

CLXXXV. — La preservation de epidimie, minucion ou curation d'icelle, faite de maistre Jehan de Bourgoigne, autrement dit à la Barbe, professeur en medicine et cytoien de Liège. 1365.

Manuscrit du xive siècle. Sur vélin. Petit in-folio. 5 feuillets. Reliure moderne en maroquin rouge, aux armes de Charles V.

XX

Il y a bientôt trente ans, mon savant confrère M. Paulin Paris remarqua dans le manuscrit français porté à l'inventaire de 1682 sous le n° 7857 une explication des articles du Symbole, accompagnée de nombreuses miniatures. Il y reconnut avec beaucoup de sagacité un ouvrage du sire de Joinville. Cette découverte eut un certain retentissement parmi les personnes qui s'occupaient de l'histoire et de la littérature du moyen âge, et la Société des bibliophiles français consacra, en 1837, au *Credo du sire de Joinville* un élégant volume renfermant : 1° une notice de M. Artaud de Montor; 2° le texte du Credo; 3° un fac-similé des quatorze feuillets que le Credo occupait dans le manuscrit original[1].

[1] Outre le livret publié par la Société des bibliophiles, on peut consulter, sur le Credo de Joinville, les *Nouvelles recherches* de M. Paulin Paris *sur les manuscrits du sire de Joinville* (réimprimées dans le Joinville de M. Didot, p. clxviii et s.) et une *Dissertation* de M. Didot *sur le Credo de Joinville* (même volume, p. cl et suiv.). — M. de Wailly a compris le Credo dans plusieurs des éditions de Joinville qu'il a fait paraître.

Peu d'années après la publication de la Société des bibliophiles, le ms. 7857 avait disparu de la Bibliothèque. Pour en suivre la trace, il faut mettre ici sous les yeux du lecteur la première phrase de l'opuscule qui donnait tant de prix au volume et qui a sans doute déterminé le voleur à se l'approprier. Je transcris donc les premières lignes du fac-similé publié en 1837 : « Ou non et en l'enor dou Pere et dou Fil et dou saint Esperit, un Dieu tout poissant, poez veoir ci après point et escrit les articles de nostre foi par letres et par ymages, selonc ce que on puet poindre, selonc l'umanité Jhesu Crit, et selonc la nostre ».

Ce n'est pas sans surprise que j'ai retrouvé la même phrase dans la description suivante du ms. 75 du fonds de M. Barrois :

1. Les articles de notre foi. Commence : « Ou non et en l'enor dou Pere et dou Fil et dou saint Esperit, un Dieu tout poissant, poez veoir ci après point et escrit les articles de nostre foi par letres et par ymages, selonc ce qu'on puet poindre, selonc l'umanité Jhesu Crit, et selonc la nostre ». Très richement enluminé en or et en couleurs.

2. Incipiunt hore beate Marie Virginis in honore suo. Fol. 15. Avec beaucoup d'initiales enluminées.

Manuscrit du XIVe siècle. Sur vélin. In-quarto. 41 feuillets.
Reliure en maroquin cramoisi.

Il résulte de cette description : 1° que le ms. 75 du fonds de M. Barrois renferme le Credo du sire de Joinville : la phrase initiale du traité met ce point hors de contestation ; — 2° que, selon toute apparence, le ms. 75 de M. Barrois est celui qui a servi à l'édition de 1837, c'est-à-dire le ms. 7857 de la Bibliothèque du roi : en effet, il est comme celui-ci richement enluminé en or et en couleurs[1] ; comme lui, il est de format in-quarto ; comme lui, enfin, il contient quatorze feuillets remplis par le Credo[2].

Pour achever la démonstration, il faut rechercher ce que le ms. 7857 renfermait à la suite du Credo de Joinville. L'inventaire de 1682 ne fournit qu'une indication très insuffisante :

7857. Articles de la foy par lettres et images, et autres pièces.

---

[1] M. Artaud, page x, dit que dans le ms. 7857 « les figures sont coloriées sur un fond d'or ».

[2] Le fac-similé publié en 1837 prouve que le ms. 7857 était in-quarto, et que le Credo en occupait les quatorze premiers feuillets.

Le titre de ces «autres pièces» nous a été révélé par un article du second catalogue des manuscrits du roi dressé en 1645 par les frères Dupuy. Nous y lisons :

1445. Les Articles de la foy, par lettres et images.
Exposition du Miserere mei.
La vie de saincte Marguerite.
La Chantepleure.
Explication de la messe.
Meditation sur la passion de Nostre Seigneur.
Li romans de moralité.
Oraisons de saint Bernard à la Vierge.
Horæ beatæ Virginis.
Septem psalmi pœnitentiales [1].

Si l'on rapproche cette notice de la description que j'ai rapportée plus haut, on sera convaincu que le ms. 75 du fonds de M. Barrois se compose des premiers et des derniers feuillets du manuscrit que nous avons perdu. Les feuillets intermédiaires, renfermant l'exposition du Miserere, la vie de sainte Marguerite, la Chantepleure, l'explication de la Messe, la méditation sur la Passion, le Roman de moralité et les oraisons de saint Bernard, ont servi à former un second manuscrit qui est classé sous le n° 305 dans le fonds de M. Barrois, et qui est décrit avec beaucoup de détails dans le catalogue de la bibliothèque de lord Ashburnbam :

1. Ci se commance la vie sainte Marguerite la virge, commant ele fu martyriée, et commant ele soufri mort pour Nostre Seignor Jhesu Crist et se combati au tyrant et vainqui lou monde. (Traduit de Theotinus.) Commence : «[A]près la passion et la glorieuse resurrection et la merveillable ascention Nostre Seignor Jhesu Crist maint martyr furent martyrié en son nom. . . ».

[1] Le catalogue rédigé sur cartes au xviii° siècle décrit ainsi le ms. 7857 :
«Recueil de différens ouvrages dans l'ordre qui suit :
«1. Les articles de notre foi par lettres et par images.
«2. L'exposition du pseaume Miserere.
«3. La vie de sainte Marguerite.
«4. Diverses prières et oraisons.
«5. La signification ou l'exposition de la messe.
«6. Méditations sur la passion de notre seigneur Jésus-Christ.
«7. Li romans de moralités.
«8. L'oraison de saint Bernard à la douce dame de paradis en remembrance de la passion de Jésus-Christ.
«9. Horæ beatæ Mariæ virginis.
«10. Septem psalmi pœnitentiales.
«11. Officium defunctorum.
«Manuscrit sur vélin, forme in-quarto, de l'ancien fonds du roy. écriture du xiv° siècle. »

2. Méditations et prières. Fol. 9 verso.

3. Prières en vers. Fol. 11 verso. Commence:

> Aidez Diex, sainte Trinité,
> Une gloire, une majesté.

4. Ci commence la Chantepleure. Fol. 13. Commence:

> De celui haut seignor,
> Qui en la crois fu mis,
> Qui les portes d'anfer
> Brisa pour ses amis.

5. Ci commence la sinification de la messe. Fol. 17 verso. Commence : « L'introite est l'entrée de la messe. Si doit on entrer dedens lui et estraindre tous ses sanz ».

6. Meditations sur le psaume Miserere mei Deus secundum magnam misericordiam tuam. Fol. 19. Commence : « Au commencement de cest saume covient savoir une hystoire qui est ou livre des Rois ».

7. Meditations sur la passion de Nostre Seigneur. Fol. 37. Commence : « Christo crucifixus sum cruci. Je suis fichiez en la croiz avec Jhesu Crit ».

8. Ci commence li romans de moralitez. Fol. 55. Commence : « Talant m'estoit pris que je racontasse l'enseignement des philosophes de cele clergie qui est apelée moralitez ».

9. Ce sont les paroles que saint Bernard disoit en orisons à la douce dame de paradis en remembrance de la douce soffrance et de la passion Nostre Seigneur Jhesu Crit. Fol. 72 verso. — « Ha, dist-il, qui donra à mon chief aiue et à mes iauz fontaine de lermes que je puisse plorer par jour et par nuit? »

Manuscrit du xiiiᵉ siècle. Sur vélin. In-quarto. 83 feuillets. Écrit sur deux colonnes. Avec une petite enluminure et beaucoup d'initiales ornées. Reliure en maroquin rouge.

XXI

Le recueil de poésies françaises qui figurait dans l'inventaire de 1682 sous le n° 8047 n'est plus connu que par une des cartes préparées au xviiⁱⁱᵉ siècle pour le catalogue des manuscrits français :

Recueil d'ouvrages en vers, dans l'ordre qui suit :

1. Complainte sur la mort du roy Charles VII.
2. Le passe temps de Michault Taillevent, valet de chambre de M. de Bourgogne.
3. Le débat des deux fortunés, autrement dit le Gras et le Maigre, par Alain Chartier.
4. Le débat du cœur et de l'œil.
5. L'histoire de Narcissus et d'Écho.
6. Le débat de la demoiselle et de la bourgeoise.
7. La confession de la belle fille.

8. Le débat des quatre dames.

9. La constance et la merveilleuse patience de Griselidis, en prose, par François Patrail.

Manuscrit sur papier. Forme in-quarto. De l'ancien fonds du roy. Écriture du xvᵉ siècle.

Ce manuscrit a été volé et mis en lambeaux. Les éléments en ont été dispersés; mais ils se retrouvent tous dans les nᵒˢ 402, 585 et 396 de la collection de M. Barrois :

CCCCII. — 1. Epicedium sive lamentacio Karoli septimi victoriosissimi regis Francorum (Gallice). Commence :

> Du temps de dueil que le roy Elyon
> Se vint asseoir ou trosne de Lyon,
> Pour veoir Phebe sa mie face à face,
> Ainsi qu'il fault qu'en sor (sic) revolvant face.

2. La pacience de Grizelidiz, laquelle ystoire translaita de lombart en latin ung très vaillant poecte appellé François Petraih (Petrarch), dont Dieu ait l'ame. Fol. 7. Commence : « Au pié des mons, en ung costé d'Ictalie, est la terre de Saluces, qui jadis estoit moult peuplée de bonnes villes et chasteaux ».

Manuscrit du xvᵉ siècle. Sur papier. In-quarto. 23 feuillets.
Reliure en maroquin orange.

DLXXXV. — 1. Cy commence le passe temps de (Pierre) Michault appellé Taillevent (en son vivant varlet de chambre de monseigneur de Bourgoigne). Commence :

> Je pensoie, n'a pas sept ans,
> Ainsi qu'on pense à son affaire,
> Par maniere d'un passe temps,
> Aussi comme en lieu de rien faire.

2. Le débat des deux fortunez, autrement dit le Gras et le Maigre (par Alain Chartier). Fol. 12 vᵒ.

3. Le débat du cueur et de l'ueil (par le même). Fol. 33.

4. Cy s'ensuit l'histoire de Narcissus et de Echo. Fol. 48 vᵒ. Commence :

ÉCHO.

> Je ne sçay quel propos tenir,
> Ne comment mon fait maintenir,
> Tant suis en dangereuse sente,
> Comment maniere contenir,
> Laisser aler ou revenir
> Desir, qui si très fort me tente.

Manuscrit du xvᵉ siècle. Sur papier. In-quarto. 69 feuillets.
Reliure en maroquin marron.

14

CCCXCVI. — 1. Cy commance le debat de la damoiselle et de la bourgoyse. Commence :

> Ung jour de may trouble et pluvieulx
> En jectant au doux ma chemise.

2. Cy commence après la confession de la belle fille. Fol. 15. Commence :

> Bien celer, bien soyez venu,
> Chappellain du manoir d'amours.

3. Les quatre dames (par Alain Chartier). Fol. 24. Commence :

> Pour oblier melencorie,
> Et pour faire chère plus lie,
> Ung doulz matin ès champs issy.

Manuscrit du xvᵉ siècle. Sur papier. In-quarto. 81 feuillets.
Reliure en maroquin marron.

XXII

Le manuscrit porté à l'inventaire de 1682 sous le n° 9679 renfermait un traité sur les prétentions des rois d'Angleterre à la couronne de France, puis une chronique abrégée d'Écosse, s'arrêtant à l'année 1463. Le catalogue préparé au xviiiᵉ siècle le mentionne en ces termes :

Recueil où sont contenues les pièces suivantes, savoir :

1. Traité des différends entre les rois de France et d'Angleterre. Le premier feuillet manque.

2. Chronique abrégée du royaume d'Écosse, depuis son commencement jusqu'environ 1463. P. 53.

Manuscrit sur vélin. Volume in-folio. Ancien fonds. Écriture du xvᵉ siècle.

Le ms. 27 de M. Barrois est assez conforme à la description qui vient d'être rapportée[1] :

1. Ci commence le traittié des droits que le roy Charles VII du nom a à la couronne et à la totalité du royaume de France, et de la complainte que les Anglois font touchant la roupture des trèves. — Commence : « Pour entrer esdictes matières ». Finit au fol. 49 v° : « Ses successeurs le feront pareillement jusquez à la fin. Amen ».

---

[1] En avril 1882, M. le comte Lanjuinais m'a communiqué un manuscrit de Jacques d'Armagnac, duc de Nemours, qui contient, comme le ms. 9679 (aujourd'hui 27 de Barrois), le mémoire pour combattre les prétentions du roi d'Angleterre et la chronique d'Écosse. Le mémoire a été rédigé au commencement du règne de Louis XI.

2. Ci commence la vraie cronique d'Escoce abregie. Fol. 5o. — Commence : « Pour ce qu'il y a grande diversité ès histores ». Finit : « A sa mort, qui fut l'an mil iiiᶜlxiii, environ la toussains. Fin de la cronique d'Escoce abregie ».

Manuscrit du xvᵉ siècle. Sur vélin. In-folio. 62 feuillets. Sur la dernière feuille sont les armes de Puyquarreau.

Reliure en maroquin bleu.

Il est vrai que, d'après la notice que j'ai citée en premier lieu, la chronique d'Écosse commençait au fol. 53 dans le ms. 9679, et qu'elle commence au fol. 5o dans le manuscrit de M. Barrois. Mais cette différence ne tiendrait-elle pas à ce que l'auteur de la première notice aurait compté trois feuillets blancs, qui auraient été négligés par l'auteur du catalogue de la collection de M. Barrois? Ce qui me porte à identifier les deux exemplaires, c'est que le manuscrit de la Bibliothèque du roi était défectueux du premier feuillet, et qu'une semblable lacune existe dans le manuscrit de lord Ashburnham, qui commence par ces mots : « Pour entrer ès dictes matières ».

L'origine que j'attribue aux manuscrits qui viennent d'être passés en revue est attestée par des preuves indiscutables : telles sont, à mon avis, celles que fournissent les souscriptions de copistes, les chiffres royaux imprimés sur les plats des couvertures, le nombre des feuillets occupés par la transcription d'un ouvrage, et l'ordre suivant lequel différents opuscules sont groupés dans un même volume.

Il me reste à citer des manuscrits pour lesquels les preuves de cet ordre font aujourd'hui défaut. Dans cette seconde partie de mon travail, je serai réduit à rapprocher des titres semblables et à signaler des rapports de format et de date. Je me garderai donc d'affirmer l'identité des exemplaires, comme je me suis cru autorisé à le faire pour les manuscrits précédents. Je ne doute pas cependant que tous ou presque tous les manuscrits dont je vais parler n'aient fait autrefois partie des collections de la Bibliothèque du roi. L'examen des volumes pourra seul montrer si mes conjectures sont fondées [1].

En regard des notices contenues dans le catalogue de lord Ashburnham, je placerai les notices consignées dans nos catalogues.

---

[1] Le coup d'œil que j'ai jeté au mois de mars 1883 sur les manuscrits du fonds Barrois notés comme suspects m'a convaincu que mes conjectures étaient bien fondées. Rien n'est plus facile que de distinguer les altérations auxquelles les voleurs ont eu recours pour faire disparaître les cotes et les estampilles des volumes soustraits à la Bibliothèque du roi.

XXIII

Collection Barrois.

LXI. — Statuts et ordonnances de Charles le Hardi, duc de Bourgogne, pour ses compagnies de gens de guerre; 1473. Manuscrit du xv⁰ siècle. Sur vélin. In-folio. 31 feuillets. Avec une bordure enluminée et beaucoup d'initiales peintes. Les armes de France sont sur la première page.

Reliure en maroquin bleu.

Bibliothèque du roi.

Ms. français 9846 (de l'inventaire de 1682). Ordonnance de Charles, duc de Bourgogne, pour la gendarmerie, de l'an 1473.

Manuscrit sur vélin. Forme in-folio. Ancien fonds du roi[1].

(Catalogue des manuscrits français rédigé sur cartes au xviii⁰ siècle.)

XXIV

Collection Barrois.

CXCV. — Ci commencent les epistres et les euvangiles de tout l'an, lesqueles sont translatées de latin en françois selonc l'ordenance du messel à l'usage de Paris.

Manuscrit du commencement du xv⁰ siècle[2]. Sur vélin. In-quarto. 154 feuillets.

Avec miniatures, lettres peintes et ornements sur toutes les marges.

Reliure en maroquin vert de Venise.

Bibliothèque du roi.

Ms. français 7838 (de l'inventaire de 1682). — Les épîtres et évangiles de toute l'année, translatées de latin en françois, selon l'usage de Paris, par frère Jehan de Vignay, à la requeste de madame la royne de Bourgogne, femme jadis Philippe de Valois, roy de France, l'an 1336.

Manuscrit sur vélin. Forme in-quarto. De l'ancien fonds du roy. Écriture du xiv⁰ siècle.

(Même catalogue.)

XXV

Collection Barrois.

CCVI. — Liber de optimo fato nobilissimi domini Henrici, Eboraci ducis (et

Bibliothèque du roi.

Ms. latin 6276. Codex membranaceus, in octavo, olim Colbertinus. Ibi contine-

---

[1] C'est, selon toute apparence, au ms. 9846 que se rapporte l'article suivant de l'inventaire de la librairie de Blois dressé en 1544 : «Ung autre en parchemyn, couvert de veloux bleu, intitulé Ordonnance du duc Charles». (Ms. français 5660, fol. 75 v°, article 1286.)

[2] La date assignée au ms. 195 de Barrois m'avait porté à faire quelques réserves sur le rapprochement que je proposais entre ce manuscrit et le ms. 7838 de l'ancien fonds du roi; mais l'examen du manuscrit lui-même a levé tous mes doutes. C'est un volume qui a certainement été exécuté dans la seconde moitié du xiv⁰ siècle; les miniatures y sont encadrées de bordures tricolores.

Wallie principis), ac optimorum ipsius parentum; ad... Henricum Anglie et Francie regem septimum..., per Willielmun Parronum Placentinum, artium et medicine doctorem, editus.

Manuscrit du xvi° siècle. Sur vélin. Petit in-quarto. 49 feuillets. Richement enluminé.

Reliure moderne en maroquin vert. Dorure.

tur liber de optimo fato Henrici, Eboraci ducis, et optimorum ipsius parentum; ad Henricum VII, authore Willelmo Parrono, Placentino.

Is codex decimo quinto sæculo videtur exaratus.

(Catalogue imprimé en 1744.)

XXVI

Collection Barrois.

CCXVI. — Chronicon generale ad annum 1264. Commence : «In primordio temporis ante omnem diem ».

Manuscrit du xiv° siècle. Sur vélin. In-quarto. 87 feuillets.

Reliure en maroquin vert.

CCXI. — Caroli magni imperatoris vita ab Eginardo, cancellario ejus, conscripta.

Manuscrit du xiii° siècle. Sur vélin. In-quarto. 27 feuillets.

Reliure en maroquin vert.

Bibliothèque du roi.

Ms. latin 4937. Codex membranaceus, in folio, olim Baluzianus. Ibi continentur :

1° Anonymi chronicon a mundi exordio ad annum Christi 1264.

2° Fragment d'une vieille chronique en vers françois, depuis l'an 1080 jusqu'en l'an 1304[1].

3° Fragmentum historiæ Normannorum a Willelmo Gemmeticensi scriptæ.

4° Caroli magni imperatoris vita, authore Eginharto[2].

5° Epitome gestorum regum Franciæ ad mortem usque Philippi Augusti, quam produxit alter anonymus ad mortem Philippi Pulchri[3].

Is codex sæculo decimo quarto exaratus videtur.

(Même catalogue.)

---

[1] C'est la chronique rimée dite *de Saint-Magloire*. M. de Wailly en a connu le texte d'après la copie que M. Paulin Paris en avait prise alors que le ms. 4937 était encore à la Bibliothèque du roi. Voyez le *Recueil des historiens*, XXII, 82.

[2] M. Pertz (*Scriptores*, II, 437) cite ce texte d'Éginhard, que Faerber avait consulté à la Bibliothèque du roi.

[3] Sur cet abrégé, voyez une note de D. Brial, dans le *Recueil des historiens*, XVII, 432 et 433. La dernière partie de cet abrégé est inédite, circonstance qui rend encore plus regrettable la perte du ms. 4937. M. de Wailly avait voulu en prendre copie en 1844; mais le manuscrit était déjà sorti de la Bibliothèque.

XXVII

Collection Barrois.

CCLV. — Aliqua documenta ad componendum aurum potabile pro conservatione corporis humani et ad ipsius sanitatem provocandam.

Manuscrit du xvᵉ siècle. Sur vélin. Petit in-12. 66 feuillets.

Reliure en maroquin vert.

Bibliothèque du roi.

Ms. latin 7180. — Codex membranaceus, in-8°, olim dominorum de Bethune. Ibi continentur aliqua documenta ad componendum aurum potabile pro conservatione corporis humani et ad ipsius sanitatem provocandam; edita per quosdam actores philosophiæ.

Is codex ineunte sæculo decimo sexto exaratus videtur.

(Catalogue imprimé en 1744.)

XXVIII

Collection Barrois.

CCLVI. — Liber Karolidos de miseriis guerre Anglicorum (tempore Caroli VII, regis Francorum). Commence : « Illustris Karolus Francorum regius heros ».

Finit : « Vivificat refovens macerando exterminat ille. Explicit liber Karolidos de miseriis guerre Anglicorum ».

Manuscrit du xvᵉ siècle. Sur vélin. Petit in-quarto. 42 feuillets. Sur la première page on lit : « Ex bibliotheca et collegio Navarre. 1624 ».

Reliure en maroquin bleu.

Bibliothèque du roi.

Ms. latin 6266. Codex membranaceus, in octavo, quo continetur liber primus Carolidos; sive carmen de miseriis guerræ Anglicorum, tempore Caroli VII [1].

Is codex decimo quinto sæculo videtur exaratus.

(Même catalogue.)

XXIX

Collection Barrois.

CCLXXIII. — Incipit Ordo judiciarius a magistro (Tancredo a Corneto, canonico Bononiensi,) compositus. Commence : « Assiduis postulacionibus me, socii mei karissimi, jam pridem inducere studuistis, ut ordinis. . . ».

Manuscrit du xivᵉ siècle. Sur vélin. Petit in-quarto. 73 feuillets.

Ancienne reliure en parchemin.

Bibliothèque du roi.

Ms. latin 4786. Codex membranaceus, olim Faurianus. Ibi continentur Ordinis judiciarii libri quatuor, authore anonymo.

Is codex decimo quarto sæculo exaratus videtur.

(Même catalogue.)

---

[1] Il y a un autre exemplaire du même poème à la Bibliothèque nationale, n° 10923 du fonds latin.

XXX

Collection Barrois.

CCLXXXII. — Cy commence ung petit abbregié sur aulcuns pas des croniques de France, addressant à vous très haulte et très puissant princesse madame la duchesse de Bourbon, Anne de France, (par Regnauld Havart, vostre très humble chapellain).

Manuscrit du xvᵉ siècle. Sur vélin. In-octavo. 16 feuillets. Une partie de la signature d'Anne de France est encore visible sur la première page.

Reliure en maroquin vert.

Bibliothèque du roi.

Ms. de Lancelot, 26. Regius 10301, 2.

2. Petit abbregié sur aulcuns pas des croniques de France (principalement de la généalogie des rois de France, du gouvernement par les femmes, etc.), addressant à la duchesse de Bourbon, Anne de France : par Regnauld Havard, prêtre, chappelain de ladite dame, cy devant clerc ordinaire des offices de la maison du roy et vicomte de Conohes et Breteuil.

Manuscrit sur vélin. Volume in-octavo. Écriture de l'an 1500 ou environ.

(Catalogue des manuscrits français rédigé sur cartes au xviiiᵉ siècle. Conf. Le Long, *Bibl. hist.*, II, 63, n° 15873.)

XXXI

Collection Barrois.

CCCCXLV. — Johannis Tornorupæi commentarii de variis rebus.

Manuscrit du xviᵉ siècle. Sur papier. In-octavo. 94 feuillets.

Reliure en maroquin pourpre.

Bibliothèque du roi.

Ms. latin 8746. — Je me borne à renvoyer au catalogue imprimé (IV, 489), qui donne le détail des traités de Johannes Tornorupæus contenus dans le ms. 8746.

XXXII

Collection Barrois.

DLXXXII. — Chroniques de France et de Flandres, 1180-1287. « Cy commence aulcunez croniquez de France, començant l'an mil cent quatre vingz ou environ, que regnoit en France ung roy moult vaillant et preudome qui avoit nom Phelipes, et pour sa grant vaillance on le nomoit Phelipes le Conquereur... »

Manuscrit du xvᵉ siècle. Sur papier. In-folio. 84 feuillets. Reliure en vélin.

Bibliothèque du roi.

Ms. français 9643 (de l'inventaire de 1682). Chroniques de France et de Flandres, depuis 1180.

Manuscrit en papier. Volume in-folio. Ancien fonds. Écriture de la fin du xvᵉ siècle.

(Catalogue des manuscrits français rédigé sur cartes au xviiiᵉ siècle.)

XXXIII

Collection Barrois.

DCXLVIII. — 1. Chronicon generale ab initio mundi ad nativitatem Domini. — Abrégé de la chronique de Brando Johannis, par Gilles de Roie ?

2. Catalogus, cronica et principium comitum Flandriæ et forestariorum ejus, que terra olim dicebatur terra de Buc vel nemus regionis, etc. Fol. 164.

Manuscrit du XVᵉ siècle. Sur papier. In-octavo. 174 feuillets.

Reliure en maroquin rouge.

« Ex libris Gerardi Vander Strepen, 1563. »

Bibliothèque du roi.

Ms. latin 5041 (jadis 6583). — Ægidii de Roya, Dunensis monachi, epitome chronodromi Joannis Brandonis, ejusdem loci ascitæ. « Gratæ juventis lætos. »

Catalogus, chronica et principium comitum Flandriæ et forestariorum ejus. « Anno ab incarnatione Domini, etc. 621, temporibus. »

Annorum circiter 600.

(Catalogue des manuscrits latins rédigé par les bénédictins. [1])

Il me reste à dresser deux listes qui seront le résumé de tout mon travail : l'une comprendra les manuscrits qui nous ont été dérobés, avec un renvoi aux observations précédentes et avec l'indication des numéros que ces mêmes manuscrits portent aujourd'hui chez lord Ashburnham ; la seconde ne sera que la contre-partie de la première, et permettra d'établir un rapport entre les numéros de lord Ashburnham et les numéros de nos catalogues.

---

[1] Voici l'article correspondant du catalogue imprimé : « Codex chartaceus, in octavo, olim Petavianus. Ibi continentur :

« 1° Chronici Dunensis prima pars ab orbe condito ad Christum : authore Ægidio de Roya.

« 2° Anonymus de Gothorum origine et gestis.

« 3° Comitum Flandriæ et Forestarorium ejus synopsis chronica.

« Is codex decimo quinto sæculo exaratus videtur. »

PREMIER TABLEAU DE CONCORDANCE.

NUMÉROS de la Bibliothèque impériale.	NUMÉROS du fonds de M. Barrois.	RENVOIS aux précédentes observations.
Fonds latin, 685	65	VI.
— 2851	286, 287, 334	VII.
— 2874	272, 283	II.
— 3718	236, 245, 260	VIII.
— 4364	306	Additions, p. 116.
— 4719	336	Additions, p. 117.
— 4761	73, 146	IX.
— 4786	273	XXIX.
— 4789	201	X.
— 4937	211, 216	XXVI.
— 4999 A	244, 250, 251	XI.
— 5027	564	Additions, p. 119.
— 5041	648	XXXIII.
— 5667	179, 180, 253	XII.
— 6266	256	XXVIII.
— 6276	206	XXV.
— 6584	207, 210, 564	III.
— 6755	277, 284, 291	I.
— 6812	89	V.
— 7180	255	XXVII.
— 7413	188, 218	XIII.
— 8246	285, 314, 318, 319	XIV.
— 8498	254, 257	XV.
— 8728	226	IV.
— 8746	445	XXXI.
Fonds franç. 7838	195	XXIV.
— 7857	75, 305	XX.
— 8047	396, 402, 585	XXI.
— 8417	85	Additions, p. 122.
— 9643	582	XXXII.
— 9679	27	XXII.
— 9745. 3	359, 364, 397, 497	XVII.
— 9846	61	XXIII.
— 10212	10	XVIII.
— 10262	24, 185	XIX.
— 10301. 2. 2	282	XXX.
Fonds de Saint-Victor, 275	373, 492, 494, 498, 523	XVI.

15

SECOND TABLEAU DE CONCORDANCE.

NUMÉROS du fonds de M. Barrois.	NUMÉROS de la Bibliothèque impériale.	RENVOIS aux précédentes observations.
10...................	Fonds franç. 10212.........	XVIII.
24...................	— 10262.........	XIX.
27...................	— 9679.........	XXII.
61...................	— 9846.........	XXIII.
65...................	Fonds latin, 685.........	VI.
73...................	— 4761.........	IX.
75...................	Fonds franç. 7857.........	XX.
85...................	— 8417.........	Additions, p. 122.
89...................	Fonds latin, 6812.........	V.
146...................	— 4761.........	IX.
179...................	— 5667.........	XII.
180...................	— 5667.........	XII.
185...................	Fonds franç. 10262.........	XIX.
188...................	Fonds latin, 7413.........	XIII.
195...................	Fonds franç. 7838.........	XXIV.
201...................	Fonds latin, 4789.........	X.
206...................	— 6276.........	XXV.
207...................	— 6584.........	III.
210...................	— 6584.........	III.
211...................	— 4937.........	XXVI.
216...................	— 4937.........	XXVI.
218...................	— 7413.........	XIII.
226...................	— 8728.........	IV.
236...................	— 3718.........	VIII.
244...................	— 4999 A.........	XI.
245...................	— 3718.........	VIII.
250...................	— 4999 A.........	XI.
251...................	— 4999 A.........	XI.
253...................	— 5667.........	XII.
254...................	— 8498.........	XV.
255...................	— 7180.........	XXVII.
256...................	— 6266.........	XXVIII.
257...................	— 8498.........	XV.
260...................	— 3718.........	VIII.
272...................	— 2874.........	II.
273...................	— 4786.........	XXIX.
277...................	— 6755.........	I.

NUMÉROS du fonds de M. Barrois.	NUMÉROS de la Bibliothèque impériale.	RENVOIS aux précédentes observations.
282	Fonds franç. 10301. 2. 2	XXX.
283	Fonds latin, 2874	II.
284	— 6755	I.
285	— 8246	XIV.
286	— 2851	VII.
287	— 2851	VII.
291	— 6755	I.
305	Fonds franç. 7857	XX.
306	Fonds latin, 4364	Additions, p. 116.
314	— 8246	XIV.
318	— 8246	XIV.
319	— 8246	XIV.
334	— 2851	VII.
336	— 4719	Additions, p. 117.
359	Fonds franç. 9745. 3	XVII.
364	— 9745. 3	XVII.
373	Fonds de Saint-Victor, 275	XVI.
396	Fonds franç. 8047	XXI.
397	— 9745. 3	XVII.
402	— 8047	XXI.
445	Fonds latin, 8746	XXXI.
492	Fonds de Saint-Victor, 275	XVI.
494	— 275	XVI.
497	Fonds franç. 9745. 3	XVII.
498	Fonds de Saint-Victor, 275	XVI.
523	— 275	XVI.
564	Fonds latin, 6584 et 5027	III et Add., p. 120.
582	Fonds franç. 9643	XXXII.
585	— 8047	XXI.
648	Fonds latin, 5041	XXXIII.

L'absence des volumes dont je viens de parler avait été constatée depuis longtemps au département des manuscrits; mais on ignorait absolument ce qu'ils étaient devenus. Il est assurément bien douloureux d'avoir la certitude qu'ils ont quitté la France; toutefois une pensée consolante se mêle à nos regrets, puisque nous savons que ces manuscrits sont dans le cabinet d'un amateur illustre, qui les apprécie à leur juste valeur, et qui a déjà bien mérité de l'érudition française.

ADDITIONS.

LE MS. LATIN 4364.

L'un des volumes dérobés à la Bibliothèque nationale avant l'année 1848 est un manuscrit sur parchemin, du xvᵉ siècle, venu de Colbert, qui formait le n° 4364 du fonds latin et qui contenait les morceaux suivants :

1. Tractatus de potestate regis et papæ, authore Joanne de Parisius; manus recentior notavit, ad calcem ejusdem tractatus, eum Guillelmo Okam esse tribuendum.

2. Tractatus de clerico et milite, vel potius initium dialogi militem inter et clericum, authore Guillelmo Okamo.

3. Articuli nominalium missi ad Ludovicum XI, regem Francorum.

4. Catalogus pontificum Romanorum a sancto Petro ad Honorium III.

Ce manuscrit est à coup sûr celui qui forme le n° 306 du fonds Barrois et dont voici la description :

1. Sequitur tractatus de potestate regia et papali [Magistri Johannis Parisiensis, ordinis Prædicatorum]. Commence : « Interdum contingit quod vitare volens aliquem errorem dilabitur in contrarium ». A la fin : « Explicit tractatus de potestate regia et papali. Deo gratias ». Une main plus moderne a ajouté cette note : « Compositus a fratre Gobrani[1]. Liber iste est ad usum fratris Gulielmi Jacquelini, quem fecit scribi per dominum Anthonium Vachier presbiterum ». Il y a une copie de ce traité au Musée britannique, dans le ms. Harleien 631, fol. 172.

2. Tractatus de jure laicorum. Fol. 40. Commencement : « Non ponant laici os in celum. . . ».

3. De spirituali potestate. Fol. 44 verso.

4. Incipit tractatus seu libellus de clerico et milite. Fol. 45 verso. Commencement : « Clericus. Miror, optime miles, paucis diebus tempora mutata. . . ».

Manuscrit du xvᵉ siècle. Sur vélin. In-quarto. 46 feuillets. Écriture à deux colonnes. Reliure en parchemin.

---

[1] Faute de lecture pour G. Okam.

LE MS. LATIN 4719[1].

Après les récolements auxquels a été soumis l'ancien fonds de nos manuscrits latins, nous pouvions espérer que le nombre des volumes en déficit pouvait être définitivement fixé à 41. Je viens d'acquérir la certitude qu'il n'en est pas ainsi, et que nous ne connaissons pas encore toute l'étendue des dilapidations commises au département des manuscrits pendant une période beaucoup trop longue, mais qui ne semble pas s'être prolongée au delà de l'année 1848.

Aux 41 manuscrits de l'ancien fonds latin dont l'absence avait été précédemment constatée, il faut ajouter le n° 4719, qui a porté le n° 5942 depuis 1682 jusqu'en 1744, et qui était auparavant le n° 88 des manuscrits de Du Puy. Ce volume est ainsi décrit dans le catalogue imprimé de 1744 :

Codex membranaceus, olim Puteanus. Ibi continetur compendium juris civilis, authore anonymo. Is codex XIII sæculo exaratus videtur.

Une aussi vague notice est tout à fait insuffisante; mais le catalogue rédigé par les bénédictins à la fin du XVIIe siècle, l'inventaire dressé par Clément en 1682 et le catalogue de la bibliothèque des frères Du Puy donnent des renseignements plus complets sur le même manuscrit :

5942. Compendium juris per titulos distributum. Videtur deesse initium. 1° de datione tutelæ : si pater vel avus non dederit in testamento; fol. 1. Codex in quarto minori, variis manibus scriptus, annorum circiter 500 ad 600. (Catalogue des bénédictins.)

5942. Juris fragmenta antiqua. (Inventaire de Clément.)

88. Excerpta varia ex libris Digestorum et Codicis. 8°, optimæ notæ. (Catalogue de Du Puy.)

De plus, une note ajoutée par M. Guérard sur la table alphabétique du catalogue imprimé nous apprend que le ms. 4719 contenait les « Exceptiones magistri Petri ».

Nous savons donc que notre ms. 4739 renfermait des fragments de droit romain, et notamment les *Exceptiones magistri Petri*, que ces fragments de-

[1] Extrait d'un rapport adressé le 4 décembre 1871 à M. Taschereau, administrateur général de la Bibliothèque nationale.

vaient venir de plusieurs manuscrits, qu'ils dataient du xii° siècle et que leur réunion formait un volume in-8° ou petit in-4°, qualifié par Du Puy d'excellent manuscrit : « Codex optimæ notæ ».

Or, sous le n° 4719, nous avons aujourd'hui un manuscrit qui ne répond à aucune de ces conditions. C'est un volume sur parchemin, copié au xv° siècle, dépourvu de valeur et ne renfermant pas un mot de droit, puisqu'il est rempli depuis le premier feuillet jusqu'au dernier par un traité ascétique, intitulé : « Devotus tractatulus de spiritualibus ascensionibus ».

Cependant ce même manuscrit porte bien au bas du premier feuillet le n° 4719, souligné par une accolade et tracé en apparence par la main qui a coté vers 1740 ou 1741 les manuscrits latins de la Bibliothèque du roi. De plus, il porte au dos le titre : « Tractatus juris ». Enfin, l'ancienne estampille de la Bibliothèque se voit au commencement et à la fin du volume. Au premier abord et à s'en tenir aux caractères extrinsèques, il semblerait donc que nous possédons réellement le n° 4719 de l'ancien fonds latin; mais c'est une pure illusion, qu'il est impossible de conserver : non seulement, comme j'avais l'honneur de vous le dire tout à l'heure, le contenu du volume actuellement conservé sur les rayons ne répond à aucune des désignations fournies par nos anciens catalogues, mais encore, la cote tracée au bas du premier feuillet, le titre inscrit sur le dos et les estampilles du commencement et de la fin sont des additions frauduleuses et relativement assez récentes. C'est surtout pour les estampilles que la fraude est facile à découvrir. En effet, le volume dont il s'agit n'a point été véritablement timbré; on y a collé, plus ou moins adroitement, au commencement et à la fin, deux petites rondelles de parchemin, portant l'empreinte de notre ancienne estampille.

Nous pouvons donc nous rendre un compte exact de la manière dont a procédé le malfaiteur. Ayant remarqué que notre ms. latin 4719 était important et qu'il était très vaguement désigné dans notre catalogue usuel, il se l'est approprié, et, pour cacher le larcin, au volume dérobé il a substitué un volume insignifiant, sur lequel il a contrefait la cote 4719, inscrit le titre mensonger : « Tractatus juris », et collé deux estampilles découpées sans doute dans le manuscrit dont il nous a dépouillés.

Il est impossible de déterminer l'époque à laquelle le vol a été commis. Cependant comme le véritable n° 4719 a été vu par M. Guérard vers

1840, quand il a passé en revue le fonds latin, et que le faux n° 4719 était
déjà sur nos rayons quand Mlle Lacy l'a paginé en 1858, nous pouvons
bien supposer que la soustraction date de la même époque que celles dont
j'ai rendu compte en 1866 et qui ont eu pour résultat de faire passer dans
une collection particulière, celle de M. Barrois, plus de vingt manuscrits
précieux de notre ancien fonds latin. Il ne serait plus permis d'en douter si
l'on pouvait vérifier qu'un morceau de notre ms. 4719 forme, comme je le
conjecture, le n° 336 du fonds Barrois, ainsi décrit sur le catalogue imprimé par les soins du possesseur actuel, lord Ashburnham :

« Abbreviatio juris. » Commence : « De tutelis. Scire debemus quod in tutelis femine
tutores dari non possunt quia id munus masculorum est ». Manuscrit du xiiiᵉ siècle. Sur
vélin. In-quarto. 56 feuillets. Reliure en maroquin vert.

Tels sont, Monsieur l'Administrateur, les faits que j'ai cru devoir porter
à votre connaissance, pour que le déficit du ms. latin 4719 soit régulièrement constaté et expliqué.

LE MS. LATIN 5027[1].

Le ms. latin 5027 de la Bibliothèque nationale (jadis 567 de Baluze) est
un recueil de chroniques, copié au xvᵉ siècle et qui a primitivement appartenu au couvent des célestins de Paris. L'un des morceaux les plus considérables qu'il renferme est une chronique des rois de France dont plusieurs articles ont été insérés dans le tome XXI du *Recueil des historiens*
(p. 142-145), et dont la dernière partie a été employée par M. le baron
Jérôme Pichon dans un livret publié en 1864 et intitulé : *Partie inédite des
chroniques de Saint-Denis*. La fin de cette chronique manque aujourd'hui
dans le ms. 5027, par suite d'une mutilation qu'il importe de mettre en
lumière. A une époque que je pourrai bientôt déterminer, on a arraché de
ce volume les feuillets qui, au xviiiᵉ siècle, avaient reçu les cotes 109-120
et qui contenaient :

1° (Fol. 109 et 110) la fin de la chronique des rois de France;

2° (Fol. 111) un catalogue des rois de France, qu'une table, placée au commencement

[1] Extrait de la *Bibliothèque de l'École des chartes*, 6ᵉ série, t. V, p. 212.

du volume, et datant du XVᵉ siècle, indique par ces mots : « Item les noms des rois de France depuis Priam jusqu'à Charles le VIᵉ » ;

3° (Fol. 112-119) une chronique des ducs de Normandie, qui est ainsi mentionnée dans la même table : « Item l'istoire de la duché de Normendie depuis Roulo, premier duc de Normendie, jusques à Guillame le Bastart » ;

4° (Fol. 120) un catalogue des ducs de Normendie, porté à la table sous le titre suivant : « Item les noms des ducs de Normendie depuis Roulo jusques à Jehan sans Terre, roy d'Engleterre, en l'an 1204 ».

Des recherches bibliographiques que j'ai entreprises sur nos anciennes chroniques anonymes m'ont fait retrouver dix des feuillets arrachés dans le ms. 5027. Ces dix feuillets font aujourd'hui partie d'un volume possédé par le comte d'Ashburnham (n° 564 du fonds Barrois) et composé de fragments de divers manuscrits.

J'ai précédemment[1] constaté que les huit premiers feuillets du ms. 564 de Barrois n'étaient autres que les feuillets 59-66 du ms. latin 6584 de la Bibliothèque nationale. Je suis maintenant en mesure de montrer que les feuillets 9-18 du même manuscrit sont un lambeau de notre ms. 5027.

Voici en quels termes le catalogue imprimé par les soins de lord Ashburnham rend compte des articles 3, 4 et 5 du ms. 564 :

3. « Histoire d'aucuns des ducs de Normendie », depuis le temps de Charles le Simple, roi de France, jusqu'en 1066. Huit feuillets, deux sur vélin, six sur papier[2].

4. « Ce sont les noms des roys de France anciennement nommée Gaule. » Fol. 16 B. De Priam à Louis X.

5. « Les noms des ducs de Normendie. » Fol. 18. De Rollon à Jean, roi d'Angleterre.

Je ne crains pas de me compromettre en annonçant que la troisième pièce doit répondre aux fol. 112-119 de notre ms. 5027, la quatrième au fol. 111 et la cinquième au fol. 120. Au reste, il sera facile de vérifier ma conjecture.

En effet, M. Francisque Michel[3] nous apprend :

1° Que dans le ms. 5027, au fol. 115 recto, ligne 28, commençait le fragment que les continuateurs de dom Bouquet ont publié (X, 276), d'après une autre copie et dont les premiers mots sont : « Le roy Lothaire de France trespassa, c'est assavoir en l'an 986... ».

---

[1] Plus haut, p. 65. — [2] Dans le ms. 5027, les feuillets de papier sont pareillement entremêlés de feuillets de parchemin. — [3] *Les Chroniques de Normandie,* p. XLI.

2° Que dans le même manuscrit la Chronique des ducs de Normandie se terminait au fol. 119 recto par le paragraphe suivant : « L'an mil lxvi, le jour de Noel, le dit Guillaume, dit le Bastart, duc de Normendie, fu couronné à Londres à roy d'Engleterre; et puis receupt ses hommages et féaultés, et fist Hue de Mortemer son connestable, et auxi fist-il Robert de Montgomery et Guillaume le filz Ober ses mareschaulx. Icellui Guillaume fut roy d'Engleterre et duc de Normandie xxi ans et demy et plus ».

3° Que dans ce même manuscrit, sur le fol. 120, commençait un morceau intitulé : « Cy s'ensuivent les noms des ducs de Normandie », et dont on trouvait, sur le fol. 120 verso, le dernier paragraphe ainsi conçu : « Ou temps duquel roy Jehan sans Terre, c'est assavoir en l'an M. II. c et IIII, ou ung pou devant, le dit roy Philippe, nommé Auguste, roy de France, conquist et prinst et osta au dit roy Jehan d'Engleterre, pour deffaulte de hommage faire et pour plusieurs causes récitées ès fais du dit roy Philippe, la duché de Normandie, tout après II. c. IIII. xx. XII ans que Charles le Simple, roy de France, avoit donnée à Rollo, le premier duc de Normandie, la dite duché de Normandie ».

Si mon hypothèse est juste, on doit rencontrer dans le ms. 564 de Barrois :

1° Au fol. 12 recto, ligne 28, le fragment : « Le roy Lothaire de France trespassa, etc. ».

2° Au fol. 16, le dernier paragraphe de la chronique des ducs de Normandie : « L'an mil LXVI, le jour de Noel. . . . ».

3° Au fol. 18, le catalogue intitulé : « Cy s'ensuivent les noms des ducs de Normandie ».

4° Au fol. 18 verso, le dernier paragraphe de ce catalogue : « Ou temps duquel roy Jehan sans Terre ».

Le livre de M. Francisque Michel, qui nous fournit des détails si précis sur le ms. 5027, et qui a pour titre : *Les Chroniques de Normandie*, a été imprimé à Rouen en 1839. Il est facile de reconnaître que les éléments de ce livre ont été recueillis au moment même de l'impression. On peut donc affirmer que le ms. latin 5027 était encore intact vers l'année 1839. Mais une note écrite au commencement de ce volume en février 1845, par M. de Wailly[1], nous apprend qu'à cette date les fol. 109-120 étaient déjà en déficit. C'est donc entre les années 1839 et 1845 qu'une main criminelle a mutilé notre ms. 5027, pour faire passer dans une collection particulière une petite chronique dont on ne connaît pas d'autre exemplaire à la Bibliothèque nationale.

_____

[1] M. de Wailly n'a pas daté sa note; mais il l'a écrite au moment même où il a emprunté le manuscrit pour en extraire les fragments destinés au Recueil des historiens; M. de Wailly en a gardé le souvenir, et nous savons par le registre de prêt qu'il a eu le ms. 5027 entre les mains depuis le 17 février 1845 jusqu'au 24 du même mois.

LE MS. FRANÇAIS 8417.

D'après une notice de Buchon[1], le ms. 8417 de l'inventaire de 1862, copié au xve siècle, sur parchemin, in-folio, contenait un peu plus de 82 pages et renfermait les Faits d'armes de Jacques de Lalain par Le Fèvre de Saint-Rémi, le Débat entre Alexandre, Annibal et Scipion, puis quelques détails sur la manière de créer les empereurs, rois, comtes, barons, etc.

Ce volume a disparu[2]. Je l'ai retrouvé dans la collection Barrois, sous le n° 85, que le catalogue de J. Holmes décrit comme il suit :

1. Mémoire des hauls et loables faiz d'armes que fist en camp clos missire Jacques de Lalaing au temps de son jeune aige.

2. Le débat de Hanibal, de Alixandre et de Scipion, translaté en cler françois. Fol. 34.

3. Traité sur la manière de créer un empereur, un roi, un comte et d'autres dignitaires, avec la manière dont ils vont au combat, etc. Fol. 37. Commence : « Premièrement l'empereur se crée en deux manières... ».

Manuscrit du xve siècle. Sur vélin. Grand in-quarto. 40 feuillets. On a laissé en blanc la place des enluminures et des lettres initiales. Reliure en maroquin rouge.

---

[1] *Œuvres historiques de sire George Chastellain,* p. xl-xlii (collection du *Panthéon littéraire*).

[2] Nous en avons à peu près l'équivalent dans le ms. français 1167 des Nouvelles acquisitions, dont j'ai donné la description, en 1880, dans mes *Mélanges de paléographie et de bibliographie,* p. 420 et 430.

ANNEXES.

I

LETTRE DU COMTE D'ASHBURNHAM SUR L'ORIGINE SUSPECTE
DE PLUSIEURS MANUSCRITS DU FONDS LIBRI.

16 june [1869].

Sir,

I beg to offer you my best thanks for the volumes which I received from you last week. They are, as every thing from your pen must be, of great value to me and to every one who is anxious to learn.

I am naturally most interested in your observations upon manuscripts in my possession. My books are in the country, and therefore I will not speak positively to the fact that the Pentateuch, which, according to signor Libri, came from Grotta Ferrata, does not contain any note to that effect, but such is my impression. This however is of little consequence, for Libri states the fact in his catalogue, and other mss. from his collection contain what I have long suspected and what you state to be fraudulent attempts to conceal the true « Unde derivantur » of property that has been lost or stolen. The numbers 1, 6, 14 in Libri's catalogue are all important manuscripts, and, if I mistake not, are clearly traceable to churches and monasteries at or in the neighbourhood of Tours. — N° 14 is the well known, but very ill described, codex cited by Blanchini as codex Sancti Gatiani; an account of it may be found scattered about in several places of the third volume of the Nouveau traité de diplomatique; but I can hardly think that the learned authors ever saw either this or the Pentateuch. For the latter, they seem to have relied upon a very superficial account of it furnished by dom Jean Le Saint. I will not however trouble you with any further particulars, of which I am very sensible that you are probably already better informed than I am.

I am obliged to write in great haste, but will not conclude without begging

16.

your acceptance of a volume of which I have printed a few copies for private distribution. It is from one of my mss. (Libri 7), in which I discovered the early italic version from the Septuaginta of the books of Leviticus and Numbers.

Permit me to subscribe myself your very obedient servant.

ASHBURNHAM.

II

JUGEMENT DU TRIBUNAL DE LA SEINE DÉCLARANT QUE LA BIBLIOTHÈQUE NATIONALE A VALABLEMENT FAIT SAISIR UN MANUSCRIT DÉTOURNÉ EN 1804, PORTÉ EN ANGLE-TERRE, VENDU À LONDRES EN 1873 ET REMIS EN VENTE À PARIS EN 1874.

22 décembre 1875.

Le tribunal,

Attendu, en droit, que le domaine public comprend tout ce qui, par sa nature et sa destination, constitue entre les mains de l'État un dépôt immuable définitivement consacré à l'usage de tous;

Attendu que les imprimés, manuscrits et autres collections précieuses qui appartiennent à l'État, et qu'il a réunis dans l'intérêt général, sont inaliénables et imprescriptibles comme dépendant du domaine public;

Attendu, en fait, que Chardon de la Rochette, envoyé à Troyes par le ministre de l'intérieur Chaptal, au cours de l'année 1804, afin de choisir pour la Bibliothèque nationale les manuscrits les plus importants se trouvant dans la bibliothèque centrale du département de l'Aube, a mis de côté un volume in-folio contenant les *Décrets* de Gratien;

Qu'il a décrit ce manuscrit sous le n° 15 de la liste qui a été transmise par lui au ministre de l'intérieur, qui a été revêtue de l'approbation du gouvernement et qui est demeurée déposée à la bibliothèque de Troyes comme reçu et décharge des livres envoyés à la Bibliothèque nationale;

Qu'à dater de la mise en réserve par Chardon de la Rochette et du dépôt entre les mains du bibliothécaire de Troyes du reçu descriptif, les ouvrages qui y étaient relatés sont entrés dans le domaine de la Bibliothèque nationale;

Qu'une conservation abusive, un prêt indéfiniment prolongé ou un détournement n'ont pu altérer le caractère de la propriété ainsi constituée, ni y porter atteinte;

Que la seule question à résoudre est de savoir si le manuscrit mis en vente en Angleterre et acquis par Bachelin-Deflorenne est bien celui qui a été décrit en 1804 par Chardon de la Rochette, et si ce dernier provenait de la bibliothèque de Bouhier;

Attendu que la description de Chardon de la Rochette concorde exactement avec celle insérée par le président Bouhier dans le catalogue conservé à la bibliothèque de Montpellier, où le volume figure avec le numéro d'ordre A 71;

Que le commissaire du gouvernement n'avait pas à indiquer la provenance du manuscrit dans la mention sommaire qu'il lui consacrait, puisque tous les manuscrits compris dans la liste provenaient du président Bouhier;

Que le manuscrit des *Décrets* de Gratien, figurant au catalogue de Montpellier, était donc certainement le même que celui mis en réserve en 1804 pour la Bibliothèque nationale;

Attendu, d'autre part, que l'exemplaire acheté par Bachelin-Deflorenne se rapporte exactement à la description du manuscrit contenue dans le catalogue dressé en 1721 par le président Bouhier, tant au point de vue du vélin sur lequel il est écrit que des miniatures dont il est orné et de la désignation du copiste qui le termine;

Que l'exemplaire revendiqué porte d'ailleurs la mention *Codex bibliothecæ Boherianæ* A 71;

Que ces indications, correspondant à celles du catalogue de Bouhier, enlèvent tout doute sur l'identité;

Attendu que, si la bonne foi de Bachelin-Deflorenne ne peut être contestée, il est néanmoins certain que son attention aurait dû être éveillée par les mentions d'origine inscrites au premier feuillet, la possession par l'État de tous les manuscrits du président Bouhier étant de notoriété publique et ayant été rappelée dans plusieurs publications officielles ou privées, qui sont entre les mains de tous les érudits;

Attendu que, dans ces circonstances, il n'y a pas lieu de s'arrêter aux objections tirées de la reliure, du frontispice et de l'existence possible dans la bibliothèque du président Bouhier d'un autre exemplaire des *Décrets* de

Gratien, présentant les mêmes caractères distinctifs que le premier, lesquelles objections sont détruites par l'examen même du manuscrit litigieux ou dénuées de vraisemblance ;

Attendu, dès lors, que la Bibliothèque nationale était en droit de faire pratiquer la saisie-revendication du 21 février 1874, et qu'il y a lieu de déclarer ladite saisie bonne et valable :

Par ces motifs,

Déclare la Bibliothèque nationale seule et véritable propriétaire de l'exemplaire manuscrit des *Décrets* de Gratien, qui a été saisi-revendiqué aux mains de Bachelin-Deflorenne par acte extrajudiciaire du 21 février 1874 ;

Déclare bonne et valable la saisie-revendication pratiquée sur lui à ladite date ;

Ordonne que Grandjean, séquestre, remettra, sur le vu du présent jugement, ledit exemplaire à l'administrateur général de la Bibliothèque nationale ;

Condamne Bachelin-Deflorenne aux dépens, y compris ceux du séquestre.

TABLE.

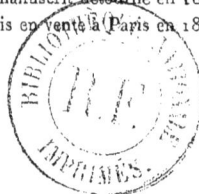

www.ingramcontent.com/pod-product-compliance
Lightning Source LLC
Chambersburg PA
CBHW052203270326
41931CB00011B/2219